CW01597803

FÊTE DES MÈRES

Yves Navarre est né en 1940 en Gascogne. Très jeune, il écrit des romans, des pièces de théâtre, des poèmes. Il fait ce qu'il appelle « son apprentissage ».
En 1971, il publie enfin son « n-ième » roman : Lady Black, *puis en 1972* Evolène *et en 1973* Les Loukoums. *C'est ce roman qui le fera connaître du grand public. Depuis, il a publié, entre autres,* Le Cœur qui cogne, Killer, Niagarak, Le Petit Galopin de nos corps, Je vis où je m'attache, Portrait de Julien devant la fenêtre, Le Temps voulu, Le Jardin d'acclimatation *(Prix Goncourt 1980), et, plus récemment,* Louise, Fête des mères, Une vie de chat *(Prix 30 millions d'amis) et* Romans, un roman.
Auteur de théâtre, ses pièces — Il pleut, si on tuait papa-maman; Histoire d'amour; Freaks Society; La Guerre des piscines; Les Dernières Clientes *et* Le Butoir — *composent une œuvre tout aussi originale que ses romans.*

Elle s'appelle Claire Brévaille. Le vendredi matin, avant-veille de la fête des mères, sans l'avoir vraiment décidé, elle quitte son appartement de banlieue et laisse un petit mot sur la table de la cuisine : *je reviendrai.* L'habitude, avec Pierre, son époux, est devenue une manière d'attachement. Ses enfants, Martial, Margot et Marc, ont déjà déserté la maison comme elle a quitté la sienne, rue Louise-Croisé, quand elle a connu Pierre. Ainsi va la vie, qui quitte qui ? Vendredi, samedi, dimanche, Claire Brévaille fera les *cent pas avec le vent,* dans Paris, seule. Reviendra-t-elle chez elle le dimanche soir pour la réunion de famille, sa fête, la fête des mères ? Les souvenirs font assaut, elle croit partir seule et elle se retrouve nombreuse.
Roman vif, alerte, Navarre ici ajoute à la galerie de portraits de couples, et de femmes face au couple, qui va du *Cœur qui cogne* à *Louise,* en passant par *Je vis où je m'attache.* Une fois encore, au plus captivant, l'histoire de chacune et de chacun est livrée.

Paru dans Le Livre de Poche :

LE PETIT GALOPIN DE NOS CORPS.
LE CŒUR QUI COGNE.
LE TEMPS VOULU.
LE JARDIN D'ACCLIMATATION.
ÉVOLÈNE.
NIAGARAK.
BIOGRAPHIE, *tome 1.*
BIOGRAPHIE, *tome 2.*
ROMANCES SANS PAROLES.
UNE VIE DE CHAT.

YVES NAVARRE

Fête des mères

ROMAN

ALBIN MICHEL

© Éditions Albin Michel S.A., 1987.

« Il faut jouer par cœur, dans l'obscurité. »
Frédéric Chopin.

UN

UNE décision, ça ne se prend pas. Claire Brévaille se retrouva dans la rue sans même s'en rendre compte, un sac en bandoulière avec papiers d'identité, argent, chéquier, un autre sac à la main avec quelques effets personnels, une trousse de toilette, des photos de Pierre son mari, de Martial, de Marc, ses deux fils et de Margot, la seconde. C'était un vendredi matin, l'avant-veille de la fête des mères. Elle avait simplement laissé un petit mot sur la table de la cuisine, bien en évidence, avec, pour seul texte, *je reviendrai.*

Elle avait failli rédiger un autre message plus précis, *ne vous inquiétez pas, je reviendrai,* mais elle avait senti que c'était là courir le risque de prendre conscience, décidément, de ce qu'elle était en train de faire. Le *je reviendrai* suffirait. Et elle se livra à elle-même, comme on s'abandonne à un rêve, bon ou mauvais, pourvu qu'il autorise la parole et les actes. Elle ferait les cent pas avec le vent, un temps. Elle n'avait aucun compte à régler, aucune revanche à prendre, aucun jugement à porter, elle se sentait tout juste un peu hors d'usage, elle avait joué son rôle. Peut-être voulait-elle quitter la scène pour mieux marquer sa rentrée, être là pour le dîner du dimanche, retrouvailles, petits cadeaux et bises de moins en moins demanderesses. Elle n'avait aucun reproche à faire à qui que ce soit. Elle avait vécu une partie de sa vie et c'était déjà un exploit. Peut-être en chemin s'accuserait-elle, et ce ne serait pas toujours justifié. Elle le savait d'avance, spontanément. Lui plaisait l'idée qu'elle n'avait jamais auparavant caressé le projet d'un départ ou d'une fugue, et pourtant, elle était là, dans la rue, pour un résumé d'elle-même, être plus que jamais qui elle était, fille, femme, mère, épouse et seule. Comme tout le monde. Celui-ci? Celle-là? Elle va vers la gare. Nous sommes en grande banlieue. Ni chantage ni comédie ni intrigue, il fait beau, c'est de la faute au ciel bleu, elle a le cœur à la ritournelle.

Claire Brévaille a quarante-six ans. Pierre, son mari, a deux mois de plus qu'elle. Martial et Margot, les aînés, ont vingt-trois et vingt-deux ans. Marc est parti le jour de ses dix-huit ans. Tout s'est passé subrepticement, en douceur, ni vu ni connu. A chacun sa liberté. Martial a épousé Lou. Lou n'aime pas Claire. Margot vit avec Grégor. Marc a un ami. Pierre, depuis trois ans, ne pense qu'à son licenciement, la liste est prête, une vraie charrette. « Pour une mise à la retraite anticipée, c'est un peu jeune. » Il y a aussi l'indemnité de départ volontaire. Les enfants ont déserté. L'appartement est vide. Une famille en plein bonheur, quoi de plus rapace? Résidence George-Sand, bâtiment C, escalier principal, quatrième étage, le dernier, porte unique, vue imprenable sur une haie de peupliers et au-delà, comme l'esquisse d'un vallon, des pavillons, haies et jardinets, murs de meulière, image fixe. Claire Brévaille a soif. Au café de la gare, près du parking où Pierre laisse sa voiture, leur voiture, elle commande un café serré et un grand verre d'eau. Elle s'en va, elle reviendra. Sinon, elle aurait peur. Si elle tremble un peu, c'est parce qu'elle a marché trop vite. Une décision, ça survient, ça vous prend et vous emmène. « Un second café, s'il vous plaît. » Elle a emporté l'argent des vacances. Quelles vacances, quel voyage désormais? Chez ses beaux-parents, au bord de la Jabeuse, et elle, Claire, la voleuse de Pierre? Il y a un train pour Paris toutes les vingt minutes. Elle prendra celui de 9 h 52. Le café est un peu amer et c'est très bien ainsi, un goût retrouvé, une fin d'adolescence quand on ne sait pas encore qui va ravir, qui va rapter, vous choisir et vous arrimer au grand mât pour une traversée unique, aller simple. Et pour tant et tant autour de Claire Brévaille, ce qu'il est convenu d'appeler l'entourage, ce fut comme un « parés à virer? Chavirez! ». Un an avant leur divorce, les Donadieu, Frédéric, Marie-Ange et leurs quatre bambins, s'étaient aménagé une péniche près du pont de l'Alma. Ils rêvaient. Ils étaient à quai. Marie-Ange était partie vivre avec Klaus, un sculpteur, du côté de Vancouver. Frédéric avait gardé les enfants, s'était remarié avec une Marie-Ange bis, « plus pondeuse que la première », avait dit Pierre, cinq enfants du second mariage, les « onze » vivent désormais d'un élevage de poules et de lapins, du côté de Béziers. Pourquoi, ce matin, Claire Brévaille pense-t-elle à eux? « Ah, mes amis, se dit-elle, si vous saviez tout ce que j'avais à vous dire. » Puis elle s'était surprise en train de sourire. Elle était joyeuse, elle partait.

Elle partait nombreuse, intacte, avec tant d'espoirs futiles et de souvenirs que l'on croit pour toujours ensevelis, un mot, un regard, un paysage et l'enfance qui revient constamment en mémoire, féconde, harcelante, invariablement prête, celle-là, à porter le pli du prince charmant et à livrer l'émerveillement d'un petit lopin de terre, près d'un muret, où l'on a rêvé d'un territoire à soi et soi seulement. Les dahlias surtout poussaient très bien. Qu'elle était fière, Claire, quand elle portait le premier bouquet de son jardin à Cléa, sa mère. C'était aussi le signal de la fin de l'été et de la rentrée des classes. Claire Brévaille, la tempe contre la vitre, un sac sur les genoux, l'autre à ses pieds, se dit qu'il doit bien y avoir une *plaisance* dans le malheur, s'il vient, s'il assaille, s'il veut s'installer, quand on ne l'entretient ni ne le provoque. Là, elle provoque un peu, mais elle ne veut pas le savoir. Elle rêvasse et ce n'est pas son genre. Antoinette Survin est morte d'un cancer du cerveau. C'est ça le malheur. Il faudrait que Claire Brévaille explique ce qu'elle entend par *plaisance*. « Ah, mes bons amis, murmure-t-elle, tout ce que j'aurais pu vous dire. » Le voisin d'en face a baissé son journal et l'a regardée. Elle a gêné quelqu'un, elle a rougi.

Toute une vie sur un navire échoué en grande banlieue, fuir, partir, pour mieux revenir? Si peu l'art de la fugue, encore moins celui de la bagatelle. Six mois après la mort d'Antoinette, Ludovic Survin s'était remarié. « A la suivante. » C'était comment dans la chanson du temps des fiançailles de Claire et de Pierre? C'était drôle et ainsi de suite, les femmes ne seraient-elles que des suivantes? Sur une photo, près de la télévision, dans l'appartement de la Résidence George-Sand, il y a « Survin, Donadieu et Brévaille, cabinet d'architectes », les trois amis, ils rêvaient de construire pour de vrai, dans l'harmonie et pour le futur. Survin s'est reconverti dans le mobilier en plastique.

Donadieu élève des volailles et soigne deux hectares de vigne. Pierre donne désormais dans l'architecture industrielle et ne pense qu'à un certain dépôt de bilan, la société a grandi trop vite. Et les épouses sur la photo? Absentes. In memoriam. Antoinette qui a lutté jusqu'au bout, aveugle, plus un cheveu, le crâne comme un poing. Qui avait dit « ce n'est plus la peine d'aller la voir »? Hommage à Marie-Ange qui s'est échappée, comment vit-elle à Vancouver et se refait-on une vie? Claire, seule, est restée, fidèle au poste, pour le plaisir des repas, des courses, du linge et du repassage, qui le croirait? Et pour le don de Pierre. Claire Brévaille ne dira jamais « malgré tout ». Distraite, elle peut lire sur le journal du voyageur d'en face, *quatre chercheurs viennent de démontrer que la béta-carboline, une molécule de synthèse, stimulait la mémoire. Manque de chance, elle déclenche des convulsions et des crises d'angoisse.* Claire Brévaille détourne la tête et regarde le paysage de banlieue, strié de remparts de béton dont on annonce déjà la démolition, envahi, à touche-touche, étouffant, elle étouffe, elle voudrait une autre histoire, un peu de rêve s'il en reste encore, un petit pincement de cœur. Pour un peu, elle reviendrait. Le train est direct pour Paris. Dans les gares traversées, des affiches, *bonne fête maman* pour une yaourtière, *vive les mamans* pour un hypermarché, *Maman je t'aime* pour un parfum, et *prix spéciaux fête des mères* pour des pelotes 100 % pure laine vierge. Au loin Paris. Elle ira voir Cléa, sans la prévenir, une surprise, avec un bouquet de fleurs coupées, plus du tout les fleurs de son jardin secret. Claire Brévaille aimait les papillons. Il y a foule en elle, pensées éphémères. Elle veut tout, sauf sa vie. Or elle n'a que sa vie, rien de triste, une vie bien remplie. Alors?

A l'hôpital Henri-Mondor, Antoinette Survin lui avait serré la main très fort, brusquement, en lui disant « la souffrance, oui; la douleur, non ». Claire venait chaque jour lui faire la lecture. Un roman historique. Du genre mille-feuilles. D'une autre époque, romances sur fond de guerre de Cent Ans, parfaitement distrayant, l'évasion garantie à chaque page et les bons sentiments en prime. Antoinette lui avait dit un jour « arrête. Je crois que ça suffit ». Le lendemain, elle était morte. Quand Claire Brévaille était arrivée avec le roman sous le bras, Ludovic Survin pleurait. C'est beau, un homme qui pleure. Elle s'était dit « c'est rare et dangereux ». En quittant l'hôpital, elle avait posé le roman sur une banquette, dans un couloir, comme un oubli, pour d'autres mains et d'autres lectures inachevées. Elle n'aime que le temps présent. Dans le train, derrière son journal, le monsieur éternue violemment. Puis il plie le quotidien du matin, le glisse dans un vieux cartable de cuir et se met à rire, l'air bonhomme, rougeaud. « Je vous prie de m'excuser, mademoiselle, j'éternue comme ça chaque jour, à l'aller. J'explose. Il y en a qui font *tchoum*, d'autres *atchoum* ou *pffft*. J'en connais même qui font *schmak, schnapps, apffft,* ou *zoum, zoum, zoum,* trois fois et à vos souhaits. Moi c'est *arpoum,* très fort. Vous avez entendu? La journée commence. Dites-moi comment vous éternuez, je vous dirai qui vous êtes. » Silence, aiguillages, cahots, le train ralentit. Il y a du linge aux fenêtres côté voie ferrée, le signal des jours meilleurs. « Vous ne répondez pas. Sachez seulement qu'il n'y a rien de plus sain qu'un éternuement. Il ne faut surtout pas le refouler. » Contrôle des billets, poinçonnage, ils vont par trois, ils sont armés. Claire Brévaille caresse ses mains, doigts nus. Elle a oublié son alliance en bordure de l'évier. « Vous parliez toute seule, tout à l'heure. »

Claire Brévaille ne répondit pas. Le train ralentit. Le monsieur se leva. Elle respira profondément. Elle vit une affiche, *pour votre mère, pour votre grand-mère, rien n'est trop beau.* En photo, une poignée de perles. Elle ferma les yeux, le train s'arrêta, le wagon se vida, elle était arrivée. Si Lou attendait un enfant ? Grand-mère, déjà ? Pas possible. Elle sourit, prit ses sacs et se retrouva sur le quai avec, au ventre, un sentiment d'abordage, si peu de la rage et pas vraiment du bonheur.

Elle fit quelques pas avant de poser le sac de voyage et de vérifier, en bandoulière, si elle n'avait pas oublié les clefs de la maison et le petit carnet d'adresses. Elle éprouva le besoin de palper le trousseau, d'être sûre de l'avoir. Après tout, Martial, Margot et Marc avaient gardé chacun le leur, libres de revenir, la chambre des garçons comme celle de la fille unique, entre deux, beau trio, étaient toujours prêtes à accueillir, recueillir et pourquoi pas recommencer, les lits bien faits, draps lavés et repassés amoureusement à la maison. Un sentiment de prodigalité la tenait. Seule l'idée d'avoir oublié son alliance la tiraillait un peu. Cela gâchait le sens du message laissé sur la table et Pierre risquait de trouver là un signe supplémentaire, involontaire et inutile. Il n'y a pourtant pas de hasard. Claire Brévaille avait éprouvé le besoin de se laver les mains avant de partir et, une fois n'est pas coutume, avait oublié l'anneau sur lequel leurs prénoms, alliance, de deux, étaient gravés. Antoinette Survin lui avait également dit « la vie, c'est toujours le début de la fin. Pour moi, c'est le début du début de la fin, pour de vrai, presque un apaisement. Si au moins j'avais pu avoir un fils de Ludovic. Rien, plus rien. J'espère que nous arriverons à la fin du roman ». Les paroles aussi se gravent dans la mémoire, tant de rencontres, tant d'errances et tant d'amitiés en pur gain, en pure perte. Claire Brévaille fut frappée par l'écho sonore du hall de gare. Il était temps pour elle de décider de son emploi du temps. Elle prit son carnet, vérifia le numéro de téléphone de sa mère. Elle le connaissait pourtant par cœur. Elle se dirigea vers une cabine téléphonique. L'imprévu n'était pas son genre, elle préviendrait Cléa.

DEUX

« Je te préviens, je n'ai rien à manger pour le déjeuner. A deux heures j'ai mon cours de relaxation. » « Toutes les cabines étaient en panne. » « Tu aurais pu au moins m'appeler de chez toi. » « Je n'y ai pas pensé. » « Tu me caches quelque chose. » « Rien, je t'assure, Man. » « Ces fleurs sont très jolies. » Elle ne le pensait pas. « C'est quoi, ce sac, tu pars en voyage? »

L'appartement de la rue Louise-Croisé est rangé comme une maison de poupée. Cléa Dutheil est redevenue la petite fille qu'elle n'avait jamais cessé d'être. Sur la cheminée du salon, deux photos font pendant, même cadre argenté, même format, Claire en première communiante, l'air béat et ahuri, sa robe était trop belle, toute brodée, fille unique, choyée; et Francis, le père, en tenue d'officier de marine, bien avant son mariage, « une étourderie, ma fille, je ne te le répéterai jamais assez, fais attention », devenu plus tard morne agent d'assurances, mort il y a dix ans d'un infarctus dans un autobus, « victime des transports en commun, la gloire, ma fille. Je me passe très bien de lui. La petite vie. Je ne sais pas comment j'ai fait pour l'aimer tant de temps, jusqu'au bout, j'aurais pu... » « Je t'en prie, Man, ne parle pas ainsi. » « On cherche à m'expulser de l'appartement. Heureusement qu'il y a l'assurance-vie. Tu devrais faire de la relaxation. On s'y crée des amies, on se parle, nos histoires se ressemblent, ça console de je ne sais trop quoi. Les cheveux courts te vont très bien. » Les fenêtres sont ouvertes. La rue est bruyante, rue commerçante, pas vraiment les beaux quartiers. Cléa Dutheil a les cheveux blancs, les lèvres fines, l'œil vif. Claire Brévaille se dit qu'elle ressemble terriblement à sa mère. Francis Dutheil, en uniforme, sur la photo, sourit dignement. Claire Brévaille aimait cette manière rituelle que le père avait de lui pincer la joue gauche, de l'attirer contre lui et de l'embrasser sur le front, le soir, au retour, « tu as fait tes devoirs ? » « Oui, Pa. » Elle allait chercher les chaussons de son père, il ne fallait pas rater les informations à la radio. Claire avait son petit tabouret près du sofa. Le dîner était servi, Cléa allait se coiffer à la salle de bain, coquetterie, un soupçon de parfum, *Soir de Paris*. Alors Francis Dutheil adressait une bise à sa fille, du bout des doigts, et Claire soufflait sur ses mains pour la lui renvoyer, complicité, tous deux n'aimaient pas le parfum qui hanterait le repas, capiteux, lourd, insinuant. Le père arrêtait la radio, ils se retrouvaient tous les trois à table, on se parlait du regard. Si au moins Claire avait eu de mauvaises notes chez les bonnes sœurs ou au lycée. Elle rêvait de devenir architecte. « Le plus beau de ton rêve, c'est maintenant », lui avait dit Francis Dutheil. Cléa, elle, rêvait de nouvelles robes. Les repas étaient pingres. Tout dans le décor. Le père servait le vin. La mère coupait le pain. Claire faisait le service, déjà.

Où il aurait été question d'une fidélité qui ne passe jamais aux aveux, d'un honneur qui ne se nomme pas, et de la vie vraie quand tout passe, tout va, tout dispense et recommence. Où il aurait été question du tissu des gestes, ce texte finement tramé que l'on porte en soi, mille et un souvenirs de l'enfance qui inspirent et guident l'adulte, le grand, le formé, à son esprit défendant. « Tu ne vas pas revoir ta chambre, ma fille ? Rien n'y a été changé. Ton père ne voulait pas qu'on y touche. Il s'y enfermait souvent, les derniers temps. Parfois le matin, je le trouvais endormi sur ton lit. Il t'a aimée plus que moi. » « Je t'en prie, Man. » « Et tu m'abandonnes. Je n'ai aucune nouvelle de tes enfants. » « Moi non plus. » « Dis-moi ce qui ne va pas. » « Rien, je t'assure. »

Où il aurait été question de l'un, mille pages, de l'autre, mille pages, et du voisin, mille pages encore, et ainsi de suite. Où il ne sera question que de Claire Brévaille. « Le déjeuner est servi, un instant, je reviens. » *Soir de Paris.* Où l'on verra qu'une seule histoire ne suffit même pas. « Et Pierre ? » demandera Cléa Dutheil. « Il me charge de t'embrasser. » « Tu mens, ma fille. » « Oui, Man. » Les mêmes assiettes, les mêmes verres, la nappe est familière. « Tu coupes le pain pour toi, je n'en prends plus. Tu veux de l'eau ? » Carottes râpées, fromage 0 % de matière grasse, une pomme, « tu devrais faire comme moi. C'est la forme. Je plais encore, tu sais. On trouve toujours plus vieux que soi. Tu m'intimides ce matin et je ne sais pas pourquoi. » Claire Brévaille leva son verre d'eau, « bonne fête, Man ! » « C'est après-demain. » « C'est maintenant. » « Et Lou ? » Claire Brévaille va chercher le café. « Je te demandais des nouvelles de Lou. Je veux savoir si je vais bientôt être arrière-grand-mère. Au Club, je serai la plus jeune de toutes. » Claire Brévaille but son café et se brûla les lèvres, « tu vas être en retard, Man ». « D'où vient que tu me fuis? » « Je t'aime. » « Tu mens. » « Non, Man. »

Attendu que Dutheil Claire, Marie, Sophie, épouse de Brévaille Pierre, Henri, Alexandre, sans profession, a abandonné son domicile le vendredi 23 mai sans aucune raison réputée valable ou considérable; attendu que le plaignant Brévaille Pierre, son époux, fait valoir qu'aucun incident notable n'a pu justifier un tel abandon et qu'il a encore, au même titre que l'accusée, deux des trois enfants à charge; attendu que Dutheil Claire, épouse Brévaille, n'a manifesté à ce jour aucun désir de revenir, le plaignant demande... « A quoi penses-tu, ma fille? » « A rien, Man, je n'aime pas que tu m'appelles *ta fille.* » « Si je ne t'avais pas eue, j'aurais quitté ton père. » « Tu me l'as dit cent fois. » « Mille, deux mille fois et tu n'as pas compté les regards. Mais je t'aime bien, tu sais. » « Moi, je t'aime tout court, ça me suffit. »

Où il aurait été question de l'amour quand il se terre et se tait ainsi que de la vie quand elle clame et réclame. Où il aurait été question d'une mère que rien n'empêcherait, tendre utopie. Où il sera question d'une femme qui, pour un temps, fait les cent pas avec le vent. Tout la ramènera à elle-même et à son usage. Le temps et son emploi feront la loi. « Quelle heure as-tu? » « Je veux revoir ma chambre. » « Tu ne portes plus ton alliance? »

Dans l'entrée de l'appartement, Claire Brévaille ne prit pas garde à son sac et faillit trébucher. Elle titubait un peu, de plaisir et d'inquiétude, comment faire la différence quand on ne sait plus, ou ne veut plus savoir, pourquoi on fait ce que l'on fait ? Claire Brévaille s'enferma dans sa chambre. Et, sitôt la porte refermée, eut enfin, effectivement, le sentiment d'être partie, d'avoir osé, avec cependant la certitude du trousseau de clefs, le projet de la réunion du dimanche et comme un plaisir de possibles retrouvailles. Au vu de sa chambre d'enfant et de jeune fille, elle eut le sentiment que ce n'était pas simplement une petite comédie qu'elle se jouait à elle-même, mais une demande de plus, confusément formulée. Le ciel est farouche si on le fixe. Et les nuages à la dérive, impassibles, deviennent moqueurs. Elle s'allongea sur le lit. Elle aurait voulu pouvoir interroger son père. En elle un besoin de saccage, si peu un remue-ménage ou une mise à l'épreuve. Son père disait, les soirs où Cléa avait accepté tel ou tel dîner pour le plaisir de montrer sa nouvelle robe et de traîner son parfum, « alors, dis-moi au moins qui est invité et qui est évité ? » De cela, Claire Brévaille se souvient, quelques traits d'humour. Francis, le père, ainsi se cachait et ne se montra donc jamais à découvert comme si, lui aussi, avait rêvé d'une autre vie. Accrochée à une affiche, au-dessus du lit, il y a encore cette pince à linge en bois, ordinaire, que Francis Dutheil se plaisait à accrocher aux pans des robes des dames en se penchant pour les embrasser ou leur baiser la main, à l'entracte, quand ils se rendaient en abonnés et en groupe d'amis et relations, aux *soirées habillées* de la Comédie-Française. Cléa, vive, intempestive, n'a gardé aucun des amis de cette période-là. Elle a tout gommé, effacé. Combien de fois a-t-elle dit à Claire, empruntant à Francis un de ses bons mots, comme une estocade, « oui, ma fille, je refais ma vie. Il n'est jamais trop tard pour mal faire ». Claire Brévaille, là, allongée sur ce lit dans lequel elle a fait tanguer tant de rêves, aurait voulu pouvoir interroger son père, mais il ne lui venait en mémoire que des facéties, des bons mots pour faire rire, ou des sourires esquissés sur des bêtises entendues, à grand-peine une complicité, prudence et ténacité d'un père qui avait choisi de n'aimer que sa fille, sans mot dire. Voici pour l'anodin et le cruel. Claire Brévaille guette le plafond, les moulures. Sa mère frappe à la porte, « que fais-tu ? Je vais être en retard ».

Si c'est quelqu'un qui parle, il vaut mieux savoir qui c'est. Où il sera question de la tendresse qui engendre si elle demeure à l'état naissant et de la violence, ce fortifiant, si la dose est individuelle, non mortelle. Où il aurait été question de Claire Brévaille et uniquement d'elle, mais à parler d'une on parle de tant, à dire l'un on devient tous. Où tout se déroulera comme le scénario d'un film dont on se demandera au moindre détour s'il va devenir rose, ou noir. Claire Brévaille joue cartes sur table avec elle-même. « Dépêche-toi, ma fille, il faut que je referme la porte derrière toi. » Où il aurait été question de la cruauté des paroles les plus anodines. La mère n'ose pas entrer. La fille est dans son royaume. Doit-on n'aimer que soi-même si l'on veut aimer l'autre ? L'amour ne fait plus recette. Qui y croit ? Chacune, chacun, et personne.

Les jours se suivent, ne se ressemblent pas et cependant s'assemblent. La semaine précédente, Claire Brévaille avait répondu à un questionnaire sur « *La crise, qu'est-ce que la crise ?* ». Une lettre d'accompagnement précisait que son nom avait été choisi au hasard, *fichier nominatif, sélectif* et qu'elle faisait partie d'un *échantillon représentatif de la population française*. Elle avait répondu au vif et sans tarder, pour la vérité de l'instant, citant à la fois son père, comme un écho, redondance, et une inscription lue un jour sur un mur, près de la Résidence George-Sand, dont elle n'avait jamais pu épuiser le secret et saisir le sens. Réponse, *la crise c'est quand la bêtise est incompatible avec le snobisme. La crise c'est quand la publicité de la misère ne se distingue plus de sa suppression. La crise c'est quand l'élégance ne suffit plus à faire oublier qu'il s'agit d'une fin de siècle, une vraie fin. La fête continue mais elle n'a plus le même éclat. Le dérisoire ne masque plus le flagrant. Il n'y a que ceux qui manquent à l'amour pour croire encore à l'humour. Problème majeur des ultimes soirées de fin de siècle, qui est invité et qui est évité?* Elle avait donc pensé à ses parents pour la réponse, Pierre et ses enfants c'était une autre affaire, et elle avait signé clairement de son prénom et de son nom, une franchise, comme une fierté également d'avoir été choisie et de pouvoir dire une vérité, bien trop vraie et trop fine pour être entendue. Du coup, concernée, elle avait préparé un gâteau pour Pierre. « Claire? Je m'en vais! »

L'émotion doit venir de la partition musicale, du son de la voix. Il y a de l'aigre et du doux-amer dans celle de Cléa Dutheil. Claire a quitté le lit. Un doigt de fine poussière sur le bois de son bureau d'enfant. Elle écrit *Pierre,* dans un cœur percé d'une flèche, c'est à peine visible, elle efface le tout, chambre inutile, mausolée, ombre passagère du père venant se recueillir et, parfois, s'endormant, « les derniers temps », dit toujours la mère, comme si, à ce moment-là de leur vie commune, elle avait découvert la qualité de l'attachement de celui dont elle était l'élue. Un dernier regard sur le bureau où le soir de l'épreuve écrite de philosophie du baccalauréat, elle s'était tenue fébrile, inquiète, à se demander si elle avait bien traité le sujet : « *Notre seule unité, c'est l'interrogation.* » Un sujet qu'elle ne pourrait plus traiter. Il faut être jeune et ne rien savoir, ou que du su, de l'appris, pour pouvoir encore s'épancher sur de telles pensées et ne pas avoir compris que plus on s'approche du but plus on s'en éloigne. Claire Brévaille quitta sa chambre, prit son sac dans l'entrée et se retrouva sur le palier, odeur de cire et toujours la plaque de cuivre sur l'autre porte palière rutilante, avec pour inscription, *Kellers & Fils, filatures en tout genre.* Elle n'avait jamais vu personne sonner à cette porte-là. Cléa Dutheil ferma à double tour et dit à sa fille « je te remercie, mais ce n'était vraiment pas la peine de venir ». « Je t'aime, Man. » « Et moi donc! » Dans l'entrée de l'immeuble, « merci pour les fleurs ». Sur le trottoir, petit sourire, comme un accent aigu, « tu vas où, comme ça? Embrasse Pierre de ma part. Et les enfants. Si tu les vois, dimanche ». La mère dans une direction et la fille dans l'autre.

TROIS

« TOUTES nos chambres sont à grand lit, madame, vous n'aurez pas de supplément. C'est pour combien de nuits ? » « Deux. » « Les petits déjeuners sont servis jusqu'à onze heures. Les chambres doivent être libérées à midi au plus tard. Chambre 473, quatrième étage. Je vais vous appeler quelqu'un. La caisse est un peu plus loin à gauche. Bon séjour, madame. » « Merci. » Claire Brévaille a toujours rêvé d'un séjour à l'hôtel Brabant de Ligne, non loin de l'Opéra, si proche de la place Vendôme, dans une rue morne, un hôtel oublié, avec groom à képi rouge cerclé d'or, immense porte à tambour, personnel en livrée, plantes vertes, colonnades mordorées dans le hall et patio intérieur où de vieilles dames pépient en prenant le thé dignement. Elle n'est venue dans cet hôtel qu'une fois, pour le lunch qui avait suivi le mariage de « sa meilleure » amie d'enfance, Sylvie. Comment s'appelait son mari ? Il était ingénieur et de bien meilleure famille. Il y avait du beau monde. La noce avait eu lieu dans le salon Lizst, pour la petite histoire le compositeur avait donné un concert en présence de Napoléon III et de l'impératrice. Claire s'était sentie à l'écart, curieusement observée, la bourgeoisie a ses rangs et la robe d'un rose virant au mauve que Cléa lui avait prêtée, « surtout ne la tache pas, ma fille, telle que je te connais, maladroite », ne lui allait pas, épaules tombantes, bustier flasque, ourlet du bas à mi-mollets. Personne ne lui parlait. Elle ne connaissait pas encore Pierre. Francis, son père, devait venir « la reprendre » à onze heures. Sur le chemin du retour, il lui dirait « on est toujours le snob de quelqu'un. C'est trop simplement dit. Ce que tu as vu est invariable. Mieux vaut en sourire ». La fête avait lieu sans elle. Claire Brévaille était allée se promener dans les couloirs de l'hôtel, douceur des moquettes, excès des stucs et des torchères, escalier de pierre lisse comme une peau douce, elle avait découvert le marbre, plus le faux marbre de l'entrée de l'immeuble de la rue Louise-Croisé. Ç'avait été un émerveillement, une nostalgie, comme si elle avait connu ce lieu auparavant. La robe ne lui allait pas, un sentiment de manque la tenait, irritant et plaisant à la fois, sentiment de révolu et de découverte, en même temps. Après ce beau mariage, Sylvie avait cessé de fréquenter Claire. Qu'allait-elle devenir, qu'était-elle devenue? Claire avait guetté son père et s'était juré de revenir un jour dans cet hôtel. Le groom l'accompagna à la chambre 473, portant son sac. La moquette était un peu fanée, par endroits usée, le parfum des couloirs était le même et il ne manquait pas une lampe aux torchères de bronze doré. Le groom la précéda dans la chambre, montra la lumière dans la salle de bain, ouvrit les rideaux, entrebâilla la fenêtre qui donnait sur le patio. « C'est une de mes préférées », dit-il. Claire Brévaille lui donna la pièce pour le principe et pour le plaisir de la confidence. Il s'en alla. Ça ne tanguait plus dans sa tête, elle y était, enfin, même si pendant tant d'années elle avait oublié la promesse qu'elle s'était faite de revenir. Le sentiment de dérive est gaillard, il requinque.

Elle fit l'inspection de la chambre, les penderies, la coiffeuse, le lit, comment allumer et éteindre les lampes de chevet, la commande de la lumière plafonnière et, pieds nus, osa le contact voluptueux de la moquette. Du doigt, dans la salle de bain, elle apprécia le moelleux des serviettes, le miroir large et flatteur, les petits savons emballés dans du papier gravé aux armes de l'hôtel, *B de L*, avec la mention, *La direction vous souhaite la bienvenue.* Elle prit un bain, changea de vêtements, un chemisier rouge, une jupe blanche et des escarpins plats, elle redeviendrait petite et toujours aussi menue pour se faufiler dans Paris. Claire Brévaille ne s'est jamais aimée juchée. « Tu n'es toujours pas à la hauteur de la situation », disait Francis à Cléa, au moment de partir, les soirs de « sortie ». « Tu ne seras jamais à la hauteur de ton humour », répondait Cléa. Claire attendait de se retrouver seule. Elle n'avait pas de temps à perdre. Elle suspendit ce qu'il y avait dans le sac mais elle laissa les photos dedans. Ce fut un instant affriolant, juvénile. Plus rien ne comptait qu'elle. Claire Brévaille se surprit même à fredonner. Cela lui rappela le rêve qu'elle avait fait la nuit précédente, Pierre dormait, pelotonné sur lui-même, dos tourné, visage tendu vers la fenêtre entrouverte comme à l'ordinaire et Claire, dans son rêve, avait chantonné. Il y avait de jeunes soldats alignés, yeux bandés, au garde-à-vous, condamnés, en chaussures blanches, et ne seraient épargnés que ceux qui auraient des chaussures noires. Aussi, agenouillée, chanson aidant pour se donner du cœur, Claire s'était-elle mise à l'ouvrage, inquiète, avec un chiffon et un gros pot de cirage noir, aux pieds des soldats, frottant et se dépêchant pour en sauver le plus grand nombre avant la salve. Puis il y avait eu les coups de feu. Ceux dont elle avait eu le temps de noircir les chaussures n'avaient pas été atteints, les autres gisaient dans l'herbe, criblés, bouche bée. Claire Brévaille s'était alors réveillée en sursaut. Pierre dormait profondément et son corps, de dos, faisait rempart. Elle était allée se laver les mains, à moitié endormie, elle aurait tant voulu pouvoir les sauver tous et au moins, après, en parler. Elle mit son sac en bandoulière et quitta la chambre 473 au plus vite. C'est en rendant la clef au portier qu'elle reprit confiance. Elle allait retrouver la rue et la foule. On ne s'invente pas des raisons de fuir, on les retrouve petit à petit. Il lui fallait chasser le souvenir du rêve qui, lui aussi, avait décidé de ce départ qui n'en était pas véritablement un, de cette vacance, dans Paris.

Le goût de l'amertume, rien ne peut le contenir. Ou alors, l'amertume est fiel. Après tout, n'avait-elle pas entretenu avec Margot les mêmes rapports que Cléa avec elle, incapable de répondre à sa fille quand elle formulait une demande, et malheureuse de ne pas pouvoir lui parler à son tour quand elle en éprouvait le besoin? Martial, lui, tenait de son père, tendre et secret, ombrageux, aussi blond et bouclé que lui, une copie conforme. Marc ne ressemblait à personne. « Le fils d'une autre planète », avait dit Pierre avec un brin de malice, « tout de même, aimer les garçons! Nous, parents d'un déviant? J'aurais préféré qu'il nous défie. » Cette malice avait fait le délice de Claire Brévaille quand elle avait rencontré Pierre la première fois, dans un café de la rue de Seine où Donadieu, Survin & Brévaille rêvaient de reconstruire le monde. On disait d'eux « le trio ». Elle y avait cru.

Au point d'abandonner ses études pour épouser son bâtisseur.

Claire Brévaille entra chez un coiffeur. « Vous avez rendez-vous ? » « Non. » « C'est pour une coupe ou une mise en plis ? » « Une coupe. » « Alors Jean-Louis va s'occuper de vous. » Sitôt assise, après le shampooing, un gringalet brandit des ciseaux derrière elle. « Je les veux courts », dit Claire Brévaille. « Ils sont courts, madame. » « Alors, très courts. » « Quel style ? » Elle se souvint d'une chanson *chassez, chassez les papillons noirs.* Le bruit des ciseaux lui faisait du bien. Elle ne se regarderait dans le miroir que lorsque tout serait terminé. « Un peu coup de vent sur les côtés ? » demanda le coiffeur. « Comme vous préférez. » Elle tournait les pages du magazine sans même s'en rendre compte, vaguement, les images idéales de corps jeunes, lisses et sveltes, bronzages uniformes, poses savantes, numéro spécial maillots de bain, entièrement photographiés dans une île lointaine, lagon, palmiers, sable fin, traces de pas effacées, du vierge, de l'intouché, et parfois un homme, toujours le même, pour ponctuer, vague séducteur au regard de goujon que l'on tire de l'eau. Ça mord, au bord de la Jabeuse, chez les parents de Pierre, depuis la vente de La Capte, depuis deux étés, depuis le départ de Marc, « j'ai dix-huit ans et je m'assume », seule distraction avec les promenades dans les bocages. Claire Brévaille pense qu'il n'y aura pas de troisième été, là-bas. Il n'y aura pas d'île lointaine non plus. Le reste du magazine est consacré à la publicité, crèmes régénérescentes anti-rides, instituts de beauté, prêt-à-porter de couturiers, parfums fatals dont Claire Brévaille se dit qu'ils sont funestes, elle referme le magazine, tête penchée pour ne pas se voir encore dans le miroir. « C'est la première fois que vous venez dans notre salon ? » Claire Brévaille murmura « oui ». « Vous avez des cheveux très fins et très drus. C'est un châtain naturel. Je suis sûr que vous ne vous êtes jamais fait teindre. « Exact. » « Moi, j'ai découvert le Minitel. C'est fou ce que l'on peut faire avec ces engins-là. » Claire Brévaille ne répondit pas. Elle aurait voulu qu'on la coiffât et qu'on ne lui parlât point. Elle ferma les yeux. Séchoir et coups de brosse pour les « coups de vent » latéraux.

Les larmes sont interdites. Surtout en public. « Voilà », dit le coiffeur. Elle se regarda, eut l'impression de se souvenir d'elle-même et dit « merci ». « La prochaine fois vous n'avez qu'à demander Jean-Louis. Si vous oubliez, mon surnom c'est Minitel. » Il disparut dans le salon. Une rangée de dames sous leur casque lui fit penser à l'alignement du rêve de la veille. Elle se pinça le bras, essuya une larme qui avait coulé sur son manteau, paya, pourboire à Jean-Louis, et retrouva la rue, une respiration, le ciel s'était couvert, quelques gouttes de pluie, elle héla un taxi comme une dame chic.

Elle donna l'adresse de Marc. « 3, rue Alexandre-Dumas dans le onzième. » Elle voulait seulement voir la façade et l'entrée de l'immeuble, savoir où vivait son fils puisqu'il ne l'avait jamais invitée et qu'il n'avait même pas donné son numéro de téléphone, « en cas d'urgence, un télégramme suffira, nous sommes deux, Man, tu comprends ? » Lui aussi, le seul des trois enfants, appelait son père « Pa », et sa mère « Man », comme elle, enfant, avait nommé ses parents. Marc n'était pas un petit dernier préféré. Il lui rappelait seulement son père, Francis, ses dons et ses silences. Il y eut une ondée, brève, et comme une rafale. Les gens, sur les trottoirs, surpris, se pressaient et se réfugiaient sous les porches ou devant les cafés. Les voitures, elles, ralentissaient, klaxonnaient aux feux rouges. Il y eut un bouchon place Voltaire. Le chauffeur de taxi écoutait Radio Tour Eiffel en donnant des coups de poing sur le volant. Un écrivain parlait de son dernier roman paru, une histoire de chat écrite par un chat. Claire Brévaille se dit que, depuis son mariage avec Pierre, elle avait cessé de lire. Elle pensa même que Pierre et ses enfants avaient été sa seule et unique lecture, vingt-cinq ans durant. Aurait-elle à nouveau le courage du corps à corps avec les pages quand il faut prendre garde aux mots, adopter une ponctuation, respirer avec l'auteur ? Elle avait peiné en faisant la lecture à Antoinette Survin, et pourtant ce mille-feuilles historique n'avait d'autre prétention que la distraction, aucune intention, un récit pour le récit. « Ça ne vous gêne pas si je mets de la musique ? » demanda le chauffeur de taxi en la regardant dans le rétroviseur. Elle répondit « faites, je vous en prie », à la manière de Cléa quand elle voulait se donner un genre, et cela, profondément, lui déplut. La pluie avait cessé, la chaussée était mouillée, la circulation devint plus fluide, ils arrivaient. « Laissez-moi là, au coin, s'il vous plaît. Le 3 ne doit pas être loin. » En plus, c'était sens interdit. Elle venait en voleuse, ravie somme toute, et heureuse, rien que pour voir. Troisième trajet en taxi de la journée, un luxe. La première fois, elle avait donné un franc de pourboire, rien; la seconde un franc cinquante pour le compte rond, un faible « merci ». Là elle donna deux francs et eut droit à un « bonne fin de journée, madame ». Un petit signe. Elle jouait encore aux « petits signes » comme avec Sylvie qui perdait toujours, distraite, capricieuse, elle rêvait déjà d'un beau mariage, elle l'a eu. Il y a foule à la moindre remise en question. Et y a-t-il une autre question que celle de l'usuel, du banal, du quotidien, si on veut carrément s'échapper et se retrouver pour de vrai ? « Merci. » Elle quitta le taxi et se retrouva sur le trottoir.

QUATRE

TROTTOIR mouillé, une fraîcheur, elle respira pour dominer son audace. Il y avait dans le ciel de grands nuages qui glissaient à vue d'œil, vers l'est, au-delà des toits et des rais d'un soleil de fin d'après-midi. Elle n'avait pas eu de pareil sentiment de plénitude depuis les fins de journée, à La Capte, leur maison de Corrèze qu'ils avaient tant aimée, qui avait grandi avec les enfants, embellie, souveraine, puis vendue pour raison d'abandon des uns et des autres, quand dehors encore elle tardait à prendre la décision de préparer le dîner pour tous, sentiment retrouvé, une rareté. La frayeur prit le dessus. Et si Marc surgissait à ce coin de rue ? Il lui avait bien dit, « entre garçons, ce n'est jamais totalement chez l'un ou totalement chez l'autre, on ne sait jamais, je l'accepte, tu comprends, Man ? » Claire Brévaille ne comprenait pas. Et encore moins l'accouplement entre deux personnes de même sexe qu'elle ne pourrait jamais, du ventre, se figurer. L'immeuble du 3 rue Alexandre-Dumas était banal et même un peu vilain, briques et quelques fioritures. Elle fit vite et ne resta dans l'entrée de l'immeuble que le temps de lire sur une boîte aux lettres *Jean-Baptiste Leval & Marc Brévaille,* et sur un panneau les deux noms, à nouveau, sixième étage droite, dans la colonne *Escalier principal.* Quelqu'un entra. Elle tressaillit. « Vous cherchez quelque chose? » « Non, pardon. Je me suis trompée d'immeuble. » Claire Brévaille était partie, l'air coupable. Elle s'était dit que Jean-Baptiste était un bien beau prénom.

A la Nation, elle prit un autre taxi, direction Forum des Halles. Là elle s'achèterait des vêtements. Elle dépenserait de l'argent, l'argent de l'été, un plaisir comme une rapacité. Elle passa la main dans ses cheveux. Elle avait refusé que Minitel lui mît de la laque. Elle se sentit le cœur léger. Pourtant, à cette heure même Pierre allait rentrer du bureau, trouver le petit mot sur la table de la cuisine, voir l'alliance sur le bord de l'évier, appeler Martial, appeler Margot, regretter de ne pas avoir le numéro de Marc, Margot l'avait, elle le préviendrait. Pierre n'appellerait pas Cléa, c'était sûr, chacun dans son clan. Pas de triomphe pour Cléa. Chaque départ est une morale en soi, il résume, tire des leçons, accapare, pose des questions, établit dans le désordre un inquiétant nouvel ordre. « Il y a de la police partout, marmonna le chauffeur de taxi, il était temps. Faites attention, c'est un drôle d'endroit où vous allez. » Claire Brévaille ne répondit pas. La Capte, à l'entrée des gorges de la Tarasque, était un ancien moulin délabré, sans toit, des pans de murs, que Pierre et elle avaient acheté « pour rien » juste avant la naissance de Margot. Martial y avait fait ses premiers pas. Il fallait signaler, tant aux Brévaille qu'aux Dutheil, oncles et cousines compris, et ça fourmille dès qu'on en parle, que le jeune couple prenait une distance, se créait des racines, revenait à une certaine idée de la nature, alors, en vogue, c'était peu avant mai 68, le « trio », Donadieu, Survin & Brévaille Associés, battait déjà un peu de l'aile. Le temps des mythes était révolu, il fallait passer à l'acte. Chacun, surtout Frédéric Donadieu et Ludovic Survin, s'était cabré, tenant à ses propres utopies, défendant l'idée que tout ne pouvait se concevoir et s'entreprendre que dans l'opposition et ses confortables manifestations. A La Capte, Pierre s'était tout entier livré au projet de restauration, au respect de la bâtisse, à la splendeur du lieu, sauvant une part de lui-même pour un lopin de terre, un platane centenaire, quelques arbres noueux, terre caillouteuse et murets de pierres sèches au pied desquels il n'était plus question de faire pousser des dahlias ou de guetter les papillons. C'est à La Capte, au retour d'une longue balade dans les gorges de la Tarasque, Martial sur les épaules de son père, Margot sur les hanches de sa mère que, la nuit venue, il avait fait orage, la pluie battait le toit tout neuf, Marc avait été conçu. Fille ou garçon, ce n'était plus important. Comblés, ayant marqué leur territoire, Pierre et Claire désiraient un troisième enfant. C'était encore, pour eux, le temps des grands émois et des regards échangés. Plus tard, trop vite, ce ne serait plus le temps des yeux dans les yeux, Pierre commencerait à s'adresser à Claire en lui disant « femme, tu n'as pas réussi ce gâteau », « femme, tu es en retard », « femme, tu dois toujours savoir où se trouvent tes enfants ». Plus tard encore, les enfants étant devenus grands, La Capte étant si loin de Paris, ils avaient vendu la maison au plus somptueux d'elle-même, fière, gardienne des gorges, parée, avec tout le confort, et ç'avait été un arrachement dont Claire Brévaille seulement maintenant, dans le taxi, le quatrième taxi de la journée, avait l'impression de ressentir les premières douleurs. « Ça ira, là? » « Oui, merci. » Elle se retrouva au coin du boulevard Sébastopol et de la rue Réaumur.

Le feu était au rouge, boulevard Sébastopol, passa au vert pour les piétons. Claire Brévaille allait traverser le pouce gauche bien tendu sur la lanière de son sac en bandoulière, ne pas perdre les papiers d'identité, ne pas perdre l'argent, le chéquier, la carte de crédit et le trousseau de clefs, quand, d'instinct, elle fit un pas en arrière de la chaussée sur le trottoir, une voiture de police arrivait en trombe dans le couloir réservé aux taxis, sans sirène, sans gyrophare. Quelqu'un la poussa qu'elle retint, elle avait failli basculer. La voiture de police heurta son sac. Elle eût poussé un cri si, dans la fraction de seconde, elle n'avait vu, surgissant de la rue Réaumur, au croisement, devançant les voitures qui démarraient au feu vert, un homme casqué sur un vélomoteur, la collision était inévitable. La voiture de police brancha la sirène et le gyrophare à la dernière fraction de seconde, percuta le vélomoteur, l'homme casqué fit un vol plané et alla se planter sur une de ces bornes de métal qui empêchent le stationnement sur les trottoirs. Du sang, dans l'instant et comme si l'homme avait reçu un pieu dans le ventre, et le vélomoteur, plus loin, tordu, sur le toit d'un véhicule garé le long du trottoir, la roue avant tournait encore. Quatre policiers, armés, sortirent de la voiture. L'un d'eux criait déjà « circulez, il n'y a rien à voir ». Le feu passa au vert boulevard Sébastopol. Les voitures démarrèrent, ralentissant un peu pour la vue du sang, la fascination de l'accident. Une vieille dame, portant cabas de commissions, derrière Claire Brévaille cria « c'est un meurtre. Ils se prennent pour des Zorro! », puis

« moi j'ai toujours peur quand je traverse ». Un homme, la cinquantaine, cheveux courts, lança « ils font leur travail, madame, vous êtes bien contente de les avoir pour vous défendre ». Un jeune homme répétait « ces salauds n'ont mis la sirène que quand c'était trop tard ». Le monsieur qui avait poussé Claire Brévaille s'excusa « je n'avais pas vu. Vous avez eu le bon réflexe ». « Ce n'est rien, lui, là-bas, regardez ! » « Alors il faut porter témoignage. » Claire Brévaille répondit « je ne peux pas ! » avec tant d'assurance que le monsieur baissa les yeux. Elle ajouta « on ne leur donnera jamais tort ». Il y eut un attroupement, une ambulance du SAMU, on emmena l'homme au casque sur une civière. On ne voyait plus que le casque. « Il est mort », dit la vieille dame en posant ses cabas. L'homme aux cheveux courts, en fait plutôt la soixantaine qui se présente en quarante, affirma que la police, en cas d'urgence, avait priorité. « Encore faut-il qu'elle se signale à temps ! » « Oh, vous, jeune homme ! » Des policiers arrivèrent en renfort, hués, la voix du peuple qui gronde, le ton monta. Il y eut des coups, « circulez, je vous dis ! » Le monsieur qui avait bousculé Claire Brévaille insista, « il faut parler sinon il n'y aura aucun témoin. S'il vous plaît. Deux témoignages plutôt qu'un. On ne peut pas les laisser faire ». Claire Brévaille répéta « je ne peux pas », moins vive, hésitante. Pierre était rentré, le drame s'était noué, elle voulait vivre son histoire sans aucune autre histoire, elle prit les cabas de la vieille dame, « ils sont lourds, je vous raccompagne, c'est où, chez vous ? » « En face. Un peu plus loin. Pas très loin, merci. » Elles attendirent que le feu passe au rouge, traversèrent, Claire Brévaille cahin-caha et la dame essuyant une larme. Déjà un camion municipal nettoyait la chaussée, la vie avait repris. Et pas de témoins.

Claire Brévaille invita la dame à prendre un café. Elle préféra un calva, « ça me remontera, je ne veux plus voir des armes dans la rue ». Puis « j'étais caissière au concert Mayol, pendant la guerre. Certains soirs, par peur des patrouilles, je préférais dormir assise dans la guérite, bras croisés sur la caisse. J'ai peur de tout le monde, je vous le dis, et à la Libération, pire, n'importe quoi. Qu'est-ce qu'il avait fait, Maurice? Rien! Il ne plaisait pas aux voisins qui disaient que j'étais de mauvaise vie, c'est tout. Ne rien demander, c'est déjà trop demander. Je peux prendre un second calva? Ils ont fermé le concert Mayol. C'est fini, ce temps-là. La paillette et le strass, c'est fini. »

Prendre le temps du texte et de l'écoute, c'est prendre enfin le temps de l'autre et de soi. On se croit idéal ou parfait. Tout se bataille âprement et tendrement si on accepte non le jeu mais son évidence. Tout est flagrant. La dame prit son second calva. « Je m'appelle Colette. » Elle parla, emportée, confiante. Claire Brévaille, distraite, présente néanmoins, se contenait. Elle entendit un « ... vous savez, madame, je ne vous connais pas, croyez-moi, la cupidité exclut l'amour, elle l'ignore, chacun pour soi. Mon Maurice le disait... » et prêta attention à cela, à chacun le don des confidences et des pertinences, ça valait la bonne action, la B.A. des cabas et deux calvas. Régnait également la bonne conscience, et pour l'une et pour l'autre, de n'avoir pas osé le témoignage. Le nom de Mayol revint plusieurs fois. Francis Dutheil avait raconté à sa fille Claire une soirée au concert Mayol. Il était encore très jeune homme, rougissant pour un rien et, amoureux, se sentait instantanément fiévreux et conquérant comme si le monde, pour un plaisir, pouvait lui appartenir. La vedette de la soirée s'appelait Aziza. Un peu avant le finale, elle chantait son grand succès « La taupe », « et tip, et tap, et tape pour ta maison... » Les paroles étaient sottes et entraînantes. Aziza descendait alors le grand escalier, en fourreau noir, flanquée, à l'arrière, d'une immense queue de velours cloqué, bouffant. En bas de l'escalier, brusquement, la queue se détachait. Aziza la ramassait, en chantant, s'en faisant une étole, incident de scène, les boys s'écartaient. Elle faisait signe à l'orchestre d'interrompre et, à voix nue, gouailleuse, lançait à la salle « j'espère que ces messieurs n'ont pas perdu la leur ». Tonnerre d'applaudissements. Elle achevait la chanson et enchaînait sur le finale « toujours Paris, viens mon kiki, fais pas le mariole, va à Mayol ». Francis Dutheil était revenu voir le spectacle. Ç'avait été le même incident de queue et de chanson, de la mise en scène, tout cela était prévu, calculé, minuté. Claire se souvient très bien de son père disant « ainsi le désir fait-il mirage pour le plaisir, un instant. Je peux te le dire, tu as treize ans ». Un autre soir, avant de terminer « La taupe », Aziza avait ajouté « moi au moins, je peux me la mettre autour du cou ». Ç'avait été le triomphe. Le peuple de la salle, principalement des hommes de grisaille en quête de « canaille », jubilait. Longtemps Francis Dutheil avait gardé une photo d'Aziza dans son portefeuille, une photo découpée dans un journal. Le papier des journaux jaunit vite. Aussi avait-il dit à Claire « ça ne faisait pas vrai, c'était pourtant une histoire d'amour fou ». Il avait fait son service militaire dans la Marine. Il aimait les récits des voyages lointains. Il avait Aziza dans son portefeuille. Le delta du Mékong, le cap de Bonne-Espérance, la descente de l'Orénoque, il avait même vu les chutes du Niagara. Inventait-il? Il aimait tout, les bruits de pas dans les aiguilles de pins, le vol acharné des mouettes, les animaux, les saisons, les ciels d'ailleurs. « Tout, disait-il, sauf le destin qui s'acharne, l'art qui transfigure et l'amour qui sauve. Tu comprendras un jour. » La guerre avait éclaté. Il s'était trouvé bloqué sur son navire, bel officier, au port de La Plata, non loin de Buenos Aires. Là, pour la première fois, il avait dansé avec une jeune fille d'origine française, réfugiée avec sa famille. « Je m'appelle Cléa, et vous? » Francis Dutheil avait dit à sa fille « tu connais la suite, tu es la suite. En rentrant sur le bateau, j'ai jeté la photo d'Aziza ».

« Vous ne m'écoutez plus », remarqua la dame aux cabas. « Alors, vous avez connu Aziza? » lui demanda Claire Brévaille. « Comment le savez-vous? Vous aussi? Ce n'est pas Maurice qui l'a dénoncée, je vous le jure. D'ailleurs, avec un nom pareil! J'aurais jamais dû vous parler. » Elle se leva, empoigna ses cabas et dit « merci quand même ». « Pourquoi *quand même*? » demandait toujours Francis Dutheil.

CINQ

SIX heures du soir, le meilleur moment pour des emplettes. Il y a suffisamment de monde dans les magasins pour ne pas être talonnée par les vendeuses, et assez peu de clients pour pouvoir choisir, regarder, tâter, comparer. Les coloris de l'été étaient résolument au vert, façon pistache, il y avait aussi des vitrines tout en blanc, tout en rouge, tout en bleu. Claire Brévaille n'aimait pas le vert. Aussi entrait-elle dans les magasins exhibant des coloris plus classiques. En moins d'une heure, elle s'acheta une robe bleu pâle, manches longues, boutonnée jusqu'au cou avec la ceinture assortie, rien de froncé, un modèle simple. Elle s'offrit également des chaussures basses, blanches, confortables, très passe-partout, du raisonnable. Du 100 % coton grand teint pour la robe, du dessus et semelles tout cuir pour les escarpins. Elle ne résista pas devant un twin-set gris perle en shetland, choisit une jupe bleu marine et deux chemisiers à fleurs en solde, à un prix très intéressant, de la couleur des dernières fleurs de l'été et des premières feuilles mortes. Elle les avait remarqués lors d'une précédente escapade à Paris, pour l'après-midi, pour le plaisir du lèche-vitrines. Tout voir et ne rien pouvoir acheter ou, pire, pouvoir et se l'interdire. Elle est à son comble. Elle paie tour à tour par chèques, avec la carte de crédit ou en liquide. Dans les salons d'essayage, elle ne se reconnaît pas dans les miroirs. Les traits de la jeune fille un peu timide et frêle ont disparu, trois enfants ont nagé dans son ventre, le profil est plus massif, les hanches comme élargies et la poitrine sans importance. Une chose est intacte, ses yeux, deux billes noires. Elle vient aussi de retrouver le sourire des beaux jours quand Pierre l'accompagnait pour les achats, le samedi après-midi. Ils laissaient les enfants chez Cléa et Francis. Les enfants se liguaient contre *Soir de Paris*. Martial disait « ça pue ». Margot prétendait « ça s'incruste ». Marc haussait les épaules. Comme par hasard, ils surnommaient Cléa « la taupe », cela rendait Francis pensif ou hilare selon les samedis et le nombre d'assurances vie placées dans la semaine. Cléa se fâchait contre lui, « en plus ça t'amuse, tu leur donnes raison! » Elle ne savait pas, elle n'avait jamais su pour Aziza. Le mariage avait eu lieu à Buenos Aires, à l'église des Français, en l'absence des parents de Francis bloqués du mauvais côté de la ligne de démarcation. Cléa, pour l'occasion, s'était convertie au catholicisme et, de cela, elle ne parlerait plus. Ses parents non plus. Ils avaient tout perdu, le petit commerce de draps, dans la région de Lyon, et leur atelier de confection. Mais ils avaient la vie sauve. Claire était née là-bas. Un peu trop tôt. La famille avait aussi fait des calculs. Francis et Cléa s'étaient émerveillés l'un de l'autre et cela seul comptait. Mais quand Claire avait décidé d'épouser Pierre, la rumeur de l'ascendance de Cléa avait fait de l'ombrage, en ferait longtemps encore, et Claire, dans la maison du notaire Brévaille père, au bord de la Jabeuse, avait entendu sa future belle-mère, dans une pièce voisine, dire à Pierre « tu sais, chez eux, ça se transmet par les femmes. Il n'y a pas de doute, cette fille va régner et imposer sa loi ». Claire, c'était le temps de leurs fiançailles, avait senti son Pierre encore plus captif, captivé, et elle, mystérieuse, tenancière d'un secret auquel elle n'avait jamais donné d'importance, ignoré, brusquement souverain. Claire Brévaille courait d'un magasin à l'autre, celui-ci, pas celui-là, oh, là, en face, elle s'achetait des pacotilles, un collier, des boucles d'oreilles en chiffon, un sac de toile écrue avec une inscription *courir* ou bien était-ce la marque du magasin. Elle entendit Pierre lui dire « femme, tu dépenses de l'argent inutilement ». Alors elle entra dans les boutiques pour hommes, choisit un pull-over rouge vif pour Pierre, des polos outremer pour Martial et Grégor, l'ami de Margot, « oui taille médium ça suffira », et pour Marc, deux chemises blanches, identiques, une pour lui, une pour Jean-Baptiste. Elle fit mettre les prénoms de chacun sur les paquets, « vous allez pouvoir porter tout ça ? » « Je me débrouillerai, je vais rentrer à l'hôtel. » Un magasin fermait ses portes, ultime cadeau, le plus coûteux, elle acheta un maillot pour Margot, « quelle taille ? » « La mienne. » Un maillot une pièce, uni, d'un jaune éclatant. Elle l'aurait bien gardé pour elle. Harnachée, coupable et ravie d'avoir tant dépensé, enfin, pour elle et pour tous, la bonne excuse qui n'en est pas une, heureuse d'avoir tant acheté sans compter, elle se fraya un chemin jusqu'à l'escalator qui la conduirait directement du troisième sous-sol à la rue Pierre-Lescot. Elle se dit « je n'ai que ce que je suis pour être ». Elle ajouta même en pensée « je vais faire avec ».

A la terrasse du Père Tranquille, elle commanda un « panaché bien frais ». Ça la soûlerait, elle en avait besoin. Résidence George-Sand, c'était le drame. Il lui fallait rentrer à l'hôtel en accord avec elle-même. Une griserie suffirait. Dans le cinquième taxi, elle étouffait entre les paquets. « Vous en avez acheté des choses, ma petite dame, ça fait du bien parfois, pas vrai ? » Elle répondit oui d'un petit signe de la tête. Le chauffeur était du genre causant. Le nom de l'hôtel avait fait son effet. Elle donnerait deux francs. Le soir tombait, le ciel était redevenu sombre et nuageux. « Vous êtes française ? » « Non, je suis de Buenos Aires. » « Ben, vous n'avez aucun accent. Vous êtes là pour longtemps ? » « Trois jours en tout. » Elle donna deux francs. « Merci et bonne soirée. Vous voulez que je vous aide ? » « Non, ça ira. »

Le groom, ce n'était pas celui du matin, celui-là avec des boutons mais la tenue était la même, l'aida, comme un petit soldat, à porter les paquets dans la chambre. Elle lui donna deux fois plus qu'à celui du matin, parce qu'il avait mauvaise mine, parce que c'était un gosse, parce qu'elle voulait se sentir tranquille alors que tout assaillait en elle. Pour un peu, elle aurait décroché le téléphone et appelé Pierre pour lui dire un « ce n'est rien, je reviens » ou, autre hypothèse, « je t'attends à l'hôtel Brabant de Ligne, chambre 473, le petit déjeuner nous sera servi au lit ». Or tout lui criait d'aller jusqu'au bout de son histoire, ne serait-ce que pour faire, paradoxalement, acte de présence, « de permanence », pensa-t-elle en faisant couler un bain, avec mousse, autre cadeau de la direction de l'hôtel. Chaque année, en arrivant à La Capte, elle s'était attribué pour mission personnelle de faire reculer les broussailles, les herbes folles, les épineux, afin de redonner un peu d'allure au terre-plein devant le moulin. Les enfants ne l'aidaient jamais. Pierre s'occupait de l'interminable gros œuvre, toujours de nouveaux projets d'extension, de restauration, d'embellissement, et, l'été durant, Claire sarclait, binait, arrachait, taillait, faisait reculer la végétation jugée indésirable comme si celle-ci avait voulu reprendre d'assaut la maison. A la fin de l'été, quand l'ordre était rétabli, écrin végétal, il fallait déjà repartir pour Paris. Aussi Claire Brévaille s'était-elle souvent dit qu'il en était de même pour sa propre vie, toujours à prévoir, préparer, fêter, bichonner, cacher une peine passagère, nettoyer, salir, laver, nettoyer, lutter contre l'assaut tribal, organiser la fête, éduquer, réconcilier s'il le fallait, conseiller sans jamais empiéter et, somme toute, comparée à tout cela, vie privée d'elle ne savait pas trop quelle autre liberté, la douleur des trois accouchements n'était devenue, en mémoire, que douceurs et surprises, « c'est un garçon », « c'est une fille », « c'est un garçon ». Sous la mousse du bain, à elle-même masquée, Claire Brévaille se pétrit le ventre. Pour cela aussi elle ne téléphonerait pas à Pierre, irait donc jusqu'au bout de l'escapade parce qu'il s'était mis à l'appeler « femme » et parce qu'il avait pris l'habitude, au lit, de lui tourner le dos, sous prétexte de respirer, fenêtre entrouverte, entièrement livré aux mille et un secrets de son être. Que savait-elle de lui mis à part ce qu'elle avait vécu et ressenti avec lui ? Et s'il n'avait été que méfiant, tout ce temps de vie partagée, livrée aux enfants, répondant ainsi à l'injonction maternelle, un air de Jabeuse, un racisme de plus ? Elle s'immergea et compta jusqu'à vingt. Elle avait encore du souffle. Tant pis pour la mise en plis et les « coups de vent » latéraux. Elle s'offrirait un festin, avec le meilleur vin.

Il ne s'agissait pas d'un petit jeu, manière de caprice, je pars, je reviens, n'ayez pas peur, ayez peur tout de même un peu, mais d'un appel ou d'un signal, je suis là, je suis encore là, ne m'évincez pas trop vite. Claire Brévaille éprouva un plaisir certain en enfilant la robe neuve, en se parant du collier et des boucles d'oreilles. Elle se sentait déguisée, autre et pourquoi pas, désirable. Elle n'avait connu qu'un garçon avant Pierre, Rod Llellewyn, un Anglais un peu sot et très beau qui suivait des cours à l'Alliance française. Pour le conquérir et mesurer son empire, elle avait exigé qu'il déchirât devant elle la photo de sa fiancée de Manchester. Alors, elle s'était donnée à lui et ç'avait été sans plaisir. L'acte de la photo déchirée devant elle l'avait, à un bien plus haut point, bouleversée. Après, elle n'avait connu aucun autre homme que Pierre, presque une étourderie ou plus simplement la vertu d'un emploi du temps d'épouse et de mère, jamais l'idée de fredaine ne l'avait effleurée, jamais non plus la tentation de l'intrigue. Elle rangea les paquets-cadeaux dans un placard, laissa la chambre dans un ordre qui la calmait, territoire de passage, territoire rêvé, et pourtant encore, l'abîme des souvenirs comme une mauvaise herbe, faire place nette, c'était ridicule. Elle était allée en Grèce avec Rod Llellewyn, ils s'étaient baignés à l'île de Santorin, elle nageait devant lui, il la suivait, et elle s'était trouvée bloquée dans une crique, à peine pouvait-elle s'agripper, baisers fougueux, il lui avait arraché le haut de son maillot, puis le bas, et elle avait dit « ce n'est pas possible, je n'ai pas pied », grotesque, pour ensuite se faire drosser sur les rochers. La fougue, elle l'avait aussi connue avec Pierre. Mais ce soir, à cette heure-là, c'était de la colère pure que Pierre devait ressentir. Elle l'entendait dire « femme, je n'avais pas besoin de ça en plus ». Elle quitta la chambre, neuve d'allure en apparence, avec au fond d'elle-même une Claire Brévaille qui gigotait, refusait le jeu ordinaire et convenu de la bonne ou de la mauvaise conscience, alors qu'elle n'aspirait qu'à une conscience tout court, qu'aucun reproche et qu'aucune amertume ne pourraient réduire à l'artifice de la provocation. Elle laissa la clef au portier. « Il y a un message pour vous, madame. » Un frisson de tout le corps, le cœur qui bat la chamade, le portier revint, « je vous prie de m'excuser, c'était pour la chambre voisine ». Elle sourit, respiration, porte à tambour, le groom la salua avec son petit képi. Pour le souper, sur la carte, elle ne regarderait pas les prix. « Un taxi, madame? » « Non merci, je vais marcher. » Elle irait à la Brasserie de la porte des Ternes où Francis l'emmenait quand Cléa allait voir sa mère. Elle y allait souvent. Et si elle avait eu des amants, elle, la « Soir de Paris », la « Mrs. Relaxation »?

On la fit attendre trois bons quarts d'heure en terrasse avant de lui désigner une table de deux, face à la caisse et au comptoir de la Brasserie, va-et-vient des serveurs, cris des commandes d'entrées, de desserts et de vins, ça fourmillait dans les cuisines, flip-flap de la porte, battant de droite pour l'entrée, battant de gauche pour la sortie, service rapide, lumières crues, serviette empesée, la même carte que du temps de Francis et une vague odeur de choucroute garnie, tout ce qu'elle n'avait pas remarqué du temps de son père. Elle n'avait donc eu d'yeux et de narines que pour lui. On leur désignait une bien meilleure table, ils étaient deux, Francis passait pour un habitué. Elle avait pris place sur la banquette, forcément, pour ne pas gêner le passage, tenter de se distraire également, une femme seule, c'est toujours suspect. Elle avait donné le nom de « Dutheil » au maître d'hôtel et quand, après une longue attente, on avait gueulé son nom de jeune fille à la terrasse de la Brasserie, elle avait frémi d'un bonheur hésitant, incertain et sans projet. A sa gauche, l'escalier qui conduit aux toilettes, au vestiaire et à la dame-cigarettes, la même, depuis tant de temps, à cheveux blancs désormais, Francis lui prenait toujours un cigare, un Monte-Cristo nº 3, qu'elle préparait, clap, cérémonieusement avec un air digne et blasé. A la droite de Claire Brévaille, un vieillard soupe en lisant un journal du soir, le regard rivé sur les cours de la Bourse, un habitué. Elle n'a plus faim. Elle commande ce qui lui faisait plaisir au temps de son père, une rémoulade de céleri toute huileuse, une sole grillée avec pommes vapeur et une tarte aux fraises, pâte feuilletée. La Brasserie regorge de clients chics et gras. Elle se dit qu'il ne faut jamais revenir sur les lieux d'un souvenir. Elle paie et s'en va, elle a encore faim, minuit.

SIX

Claire Brévaille remonta d'un pas décidé jusqu'à la place de l'Etoile. Au coin de la rue de Tilsitt, trois policiers armés l'arrêtèrent et lui demandèrent ses papiers d'identité. Elle les montra, « profession ? » « Mère de famille. » « Vous feriez mieux de rentrer chez vous et de vous occuper de vos enfants », dit un brigadier en lui rendant sa carte. Les deux acolytes esquissèrent un sourire qui l'eût rendue furieuse si la force publique avait supporté l'ombre d'une vérité. Un mot à ces gardiens de la paix, c'est tout de suite un mot de trop, il n'y avait plus de courtoisie, des barrages partout, de quelle démonstration s'agissait-il ? Un signe de sa part et elle se retrouverait au poste de police. Pierre serait prévenu. L'un des deux autres, le plus jeune, n'avait-il pas marmonné « oui, on connaît l'histoire » quand elle avait répondu « mère de famille » ? Elle poursuivit son chemin en direction des Champs-Elysées. Elle rentrerait à l'hôtel à pied. Il y avait sans doute des photos de Maurice dans la chambre de la dame aux cabas, elles avaient dû moins jaunir que la photo d'Aziza dans le portefeuille d'un bel officier de marine; Jean-Baptiste venait d'éteindre la lumière ou bien Marc et, à tâtons sous les draps, chacun allait s'étonner du corps de l'autre, corps jumeaux, le sentiment était-il vraiment indifférent; l'homme au casque dormait pour toujours à la morgue, compartiment frigorifique, attendant que quelqu'un de la famille vienne le reconnaître, et pas de témoins; Martial et Lou parlaient ensemble assis au pied de leur lit, « qu'elle ne revienne pas, murmurait Lou, nous avions une bonne nouvelle à lui annoncer dimanche soir », puis « tu ne veux pas la connaître », « pas plus que toi, tranche puisqu'elle tranche »; Margot et Grégor avaient préféré aller au cinéma, « pas la peine d'alerter Marc, mon père n'a qu'à réfléchir un peu », « tu leur donnes encore beaucoup d'importance »; Pierre, accoudé à la table de la cuisine, pleurait, larmes rares, brûlantes. Claire Brévaille imaginait tout cela. Elle fit à nouveau attention aux vitrines rutilantes, aux terrasses des cafés qui sentaient le gangster en costume flanelle et le Moyen-Orient en goguette. Une journée bien remplie. Si le cœur n'y était pas, il y était plus encore, qui donc croirait à un acte d'amour, à une fuite pour de plus effectives retrouvailles? Nous entrons dans la vie des autres comme dans une maison abandonnée, sans jamais rien savoir, alors que l'autre restaure et que tout, en soi, revendique. Politique, la droite, la gauche, la droite? Claire Brévaille se dit qu'elle ne pouvait plus que prendre son propre parti. En fuyant, elle contrôlait son identité afin de mesurer ce que sa condition de « mère de famille » avait pu avoir de contraignant et de libre, afin de formuler le souhait d'un suivi de sa vie, avec reconnaissance des autres, un petit signe au moins, plus qu'une conventionnelle fête des mères, pas seulement un jour, tous les jours de l'année, toujours. Et le maillon d'un enfant de

Martial et de Lou, ils recommençaient la même histoire et ainsi de suite, comptait, prescience, elle le souhaitait, Claire serait grand-mère, Pierre grand-père et Cléa pourrait se targuer d'être la plus jeune arrière-grand-mère de son club. Le quatrième âge ne serait donc que la mort, ce qui subsisterait dans la mémoire des autres, une poussière d'affection, un soupçon de remords et plus rien. Où allait le monde, à quelle évidente perte? Et l'humanité tout entière tel un joujou entre les mains des politiciens de même trempe, bonnet blanc et blanc bonnet, partout, les Droits de l'Homme étaient bafoués, une évidence désormais, même si elle avait cru et croyait encore profondément à des temps meilleurs et surtout plus justes. Claire Brévaille retira le collier, le glissa dans son sac et déboutonna le col de sa robe, elle étouffait. A l'assaut des pensées intérieures, fait qu'elle n'avait pas prévu lors de son départ au matin, s'ajoutait au vif, loi des cent pas avec le vent, un regret de ne plus pouvoir pleinement et en pure perte se distraire. Le terrible « règlement de comptes » dont on accusait une forme romanesque de littérature, le roman des familles si fort prisé par Cléa, si peu par Francis, n'était donc, avant tout, qu'un règlement en face à face avec soi-même, insupportable et lancinant si l'on ne se donnait aucune excuse, si on n'avait pas la capacité de transiger, de maquiller et de jouer la mauvaise comédie des bonnes soupes. Francis aimait, le dimanche soir, assis face au poste T.S.F., et Claire à son côté, écouter la retransmission en direct des Concerts Colonne, tel concerto, telle ouverture, telle symphonie, c'était aussi une manière de récits de voyages lointains. Et si Claire imaginait des paysages, ressentait des émotions, tristesse ou allégresse, elle n'était pas, en même temps, avec inquiétude, sans se demander ce que son père, lui, en lui-même, pouvait ressentir. Ainsi ne serait-elle jamais que la locataire de son corps, livrée uniquement à elle seule, de nature humaine condamnée à ne jamais former couple et se fondre en une autre personne au point de ressentir et de savoir ce qui enthousiasmait les différences de chacun, les divergences, les convergences, tout ce qui concourt à l'union. N'était-ce là qu'une utopie de plus? Ces concerts à domicile avaient été un régal. L'orchestre entier était là pour eux. Cléa, qui n'aimait pas la musique, se réfugiait devant sa coiffeuse. Francis caressait les cheveux longs de sa fille, s'amusant à les entortiller de l'index de la main gauche, « pour qu'ils bouclent. Tu seras encore plus belle, bouclée ». A première vue, lors de la première rencontre du « trio » Donadieu, Survin et Brévaille, les étudiants conquérants, c'étaient les boucles de Pierre qui avaient séduit Claire.

A l'entrée de l'ancien passage du Lido, Claire Brévaille s'est tenue longuement, pensive, perdue dans sa mémoire, écartée, fécond égarement, devant un mendiant qui jouait du pipeau. Devant lui, une pancarte sur laquelle était inscrit, *marié, deux enfants en bas âge, plus d'indemnité de chômage, nous avons faim.* La musique était belle et avait stoppé Claire Brévaille, une mélodie vive et spirituelle que le son du pipeau rendait déchirante et nostalgique. Les passants jetaient parfois une pièce d'un franc dans un béret posé à côté de la pancarte. Ce fut la fin de l'air. L'homme récolta les pièces, les mit dans sa poche et regarda Claire Brévaille, « vous, la crampe, ne restez pas là, vous voyez que vous me gênez ». Elle circula. Elle irait regarder les vitrines du passage. A cette heure-là, tout est fermé, il n'y a qu'à regarder. Et ces robes, ces sacs, ces tenues de plage, ces déshabillés affriolants, n'étaient pas de son genre. Elle venait de se dire que, pour La Capte, la maison avait été plus forte que leur effort. Elle venait de penser à Martial qui lui confia, le jour de son départ, alors qu'il venait de « trouver une chambre d'hôtel à Paris », « mais Maman, de quoi te plains-tu, tu nous a eus et tu as tout ». Une sirène d'alarme de magasin se mit à hurler. Les passants passèrent, calmement, avant, comme après, quand, au bout de trois minutes, la sirène s'était arrêtée. Claire Brévaille croisa un vigile en uniforme, écussons, galons, du miroitant et de l'épatant, flanqué d'un chien-loup, tête basse, qui ne demandait qu'à bondir. Dans une vitrine, rien que des robes du soir vaporeuses, avec de lourds bustiers incrustés de pierres du Tyrol multicolores. Elle eut la curiosité de la laideur et stationna devant cette vitrine, ébahie par les prix. Antoinette Survin portait bien ce genre de robe excentrique, elle avait des épaules magnifiques. Elle donnait toujours l'impression de se tenir la tête hors de l'eau mais sous le vernis perçait le drame, tout la tirait vers le bas, Ludovic Survin ne l'aimait pas vraiment et elle donnait le change en rendant beau ce qui ne l'était pas, en donnant de l'éclat à ce qui était d'un goût parfois douteux. Il y avait en elle une perfection qui n'avait pas rencontré son égale. « Qu'est-ce que te dit mon Ludo, quand tu le croises dans les couloirs ? » demandait Antoinette quand Claire avait achevé la lecture du jour, un ou deux chapitres du roman mille-feuilles. « Je pars et je ne sais toujours rien de lui », avait-elle confié à son amie quelques jours avant la fin. Il restait pourtant tant et tant de chapitres, tant et tant de rebondissements, quiproquos, volte-face en perspective. Antoinette était partie avec son secret et ses questions. « Elle minaudait trop », dira Pierre. Marie-Ange Donadieu, elle, était plutôt du genre fourreaux, jupes moulantes et corsages provocateurs. Elle annonçait ainsi qu'elle quitterait avant d'être quittée. Déjà, sur la péniche, elle ne faisait plus que semblant de croire à l'aventure de sa famille. Frédéric Donadieu, en propriétaire de son épouse, un peu Pierrot lunaire, ne s'était méfié de rien. En regard de ces deux couples, Claire avait souvent jugé le sien avec fierté, s'était dit que Pierre portait bien son prénom de roc et qu'elle avait fait le « bon choix ». Une formule de publicité datant de quelques années qui, pour une fois, n'était pas mensongère. Elle y croyait encore. S'ils allaient dîner chez les Survin et les Donadieu avec plaisir, les Donadieu et les Survin venaient chez eux de manière obligée, jamais ouvertement heureux, toujours sur une défensive. Claire, d'année en année, avait été le témoin d'une belle amitié entre hommes quand elle s'étiole, de rêves sociaux qui s'estompent, d'un fossé qui se creusait, vertigineux, entre femmes, chacune rêvant de ce qu'elle ne serait jamais, pour l'une un amant, pour l'autre la mort et pour elle, la vie, ce falbalas. Claire Brévaille aurait voulu avoir une sœur, elle l'avait attendue, n'eût-ce été que pour pouvoir se mesurer, se comparer, se défier ou confier. Elle pensa « finalement, ça n'intéresse personne mais je dois aller jusqu'au bout ». Elle vit son reflet dans la vitrine, reboutonna le col de la robe et fit un geste, main à plat, pour cacher son image. Elle posa la main sur la vitre et instantanément un système d'alarme se déclencha. Elle se remit à marcher tranquillement, l'air innocent, croisa à nouveau le vigile et quitta le passage non sans éviter le regard de l'homme au pipeau. Ce qu'il jouait était encore plus beau. Le leitmotiv de la Symphonie concertante de Mozart, Concerts Colonne, que Claire avait chantonné dans le rêve des souliers blancs qu'il fallait noircir. Servir, il fallait servir en chantant et surtout ne plus rien dire. Pour cet air retrouvé, Claire Brévaille fit demi-tour et se pencha pour poser un billet de vingt francs dans le béret et s'en alla comme une voleuse, avec au ventre la peur de l'émotion retrouvée. Dans la foule bigarrée des noctambules des Champs-Elysées, elle se perdit bien vite, évitant ci un troupeau de touristes japonais, là un groupe de supporters d'une équipe de rugby anglaise, le lendemain il y avait un grand match comptant pour la Coupe, quelle Coupe ? La main posée sur le téléphone, Pierre regarderait quand même la télévision. Pourquoi « quand même » ? Claire Brévaille, encore, imaginait.

Le dernier été à La Capte, la décision avait été prise de vendre la maison, « il n'y a plus d'alternative, avait dit Pierre, la Résidence George-Sand et ici, deux trains de factures, ce n'est plus possible, je vais être foutu à la porte, à mon âge on ne se recase pas ». Martial allait épouser Lou, Margot vivait son aventure avec Gregor, ça durerait ce que ça durerait, « thanks to la pilule », disait-elle, et Marc était parti pour la Crète avec ce qu'il appelait « des copains », Pierre, en face à face forcé, ne supportait plus la constance de l'amour que Claire lui portait. La maison sonnait vide. La moindre attention l'irritait, une délicatesse et il se mettait en colère. Un soir, un chat noir s'était approché de la maison, venu des gorges de la Tarasque, Claire l'avait nourri tout en le prévenant qu'il pourrait revenir mais que ce n'était que pour un temps, sans engagement de sa part. Elle l'avait surnommé Mercutio, comme dans *Roméo et Juliette*, le faux fou qui dit la vérité, l'exalté qu'on tue. L'agence immobilière de Villeneuve-la-Tasque faisait visiter la maison en leur présence. Pierre, alors, allait faire un tour dans les gorges. Claire se réfugiait dans les combles. Des Allemands s'étaient portés acquéreurs. Pierre, en partant, avait laissé les clefs chez le notaire avec une procuration pour ne pas avoir à être là le jour de la signature de l'acte définitif. Dans la voiture, au départ, Claire s'était retournée une dernière fois, « femme, tu ne pleures pas? », elle avait vu Mercutio devant la maison, il montait la garde, Pierre ne disait rien. La fidélité est une cruauté de plus.

SEPT

CLAIRE BRÉVAILLE aurait souhaité se dire qu'elle n'en pouvait plus d'avoir à ramper devant Pierre et devant sa propre vie. Elle marchait, à la fois absente et décidée, non d'en finir mais une fois encore de recommencer et, qui sait, repartir du bon pied. La page de La Capte avait été faussement tournée. Le chat noir, venu des gorges, lui avait signifié que tout était tardif. Elle espérait encore, quoi? « Si on sait quoi on n'espère plus », pensa-t-elle en haussant les épaules, ce qui lui était interdit rue Louise-Croisé. Elle venait de contourner les jardins des Champs-Elysées, empruntant la rue du Faubourg-Saint-Honoré, passant en face de l'Elysée, ne prêtant plus attention aux vitrines, comment peut-on porter un époux qui est le père de vos enfants dans son ventre sans vouloir ni pouvoir couper, trancher, la boucherie? Elle avait traversé la rue Royale puis la rue de la Paix. C'était désormais la rue Saint-Honoré. Elle avait oublié de tourner à gauche pour regagner son hôtel. Elle se retrouva aux Halles. Pour la seconde fois de la journée elle prit place à la terrasse du Père Tranquille. Les garçons de café commençaient à empiler les chaises. Sa robe était légère, elle commanda un chocolat « bien chaud ». Un homme vint s'asseoir à la table voisine, « ainsi, vous êtes revenue ? » Elle ne répondit pas, stupéfaite et ravie d'être un objet d'abordage. « N'ayez pas peur, je vous ai remarquée cet après-midi avec tous vos paquets, je me suis dit que vous reviendriez. Alors, voilà, vous êtes là. Je m'appelle Neguib. Je suis né à Louqsor. » Il lui tendit une main qu'elle serra, « je m'appelle Claire. Je suis née à Buenos Aires ». Une grande main, de la poigne. « Vous avez froid ? » « Un peu. Je viens de marcher longtemps. » « Vous êtes de Paris ? » « Non, je suis de passage. » « Ce n'est pas l'impression que j'avais. Je peux m'asseoir à côté ? Ne craignez rien, c'est bientôt l'heure de la fermeture. » Une arroseuse municipale passa et repassa devant la terrasse, avalant dans ses brosses papiers gras et cornets de glaces. Mains moites, mains gantées, mains pointues hésitantes ou fuyantes, rien que pour cette main tendue et sa franche poignée, Claire Brévaille eût donné tout ce qu'elle avait voulu vivre et renié, tout ce qu'elle avait vécu. Elle avait serré tant de mains hypocrites et Pierre n'avait plus de poigne, pour elle, que pour la tarabuster en lui ordonnant de se ressaisir pour un détail, un rien, ce qu'il est convenu d'appeler un prétexte, tout simplement parce qu'il était fâché d'être passé à côté de sa vie. De quelle autre vie avait-il rêvé ? Et Cléa, lorsque Claire, après son mariage, rendait visite à ses parents, flanquée des bambins, se parait, se préparait encore pour des sorties qui n'auraient plus lieu d'être. Francis avait vieilli d'un coup, ne quittait guère ses pantoufles que pour aller chercher un journal, prendre l'air ou faire les courses. Il disait à Claire « maintenant ta mère a le démon de minuit moins deux, c'est touchant, ça me distrait ». Claire

Brévaille fit un bref calcul mental, sa mère était alors à peine plus âgée qu'elle maintenant. Elle allait quitter la table du Père Tranquille lorsque l'homme lui dit « ne partez pas si vite, je vous assure, je vous ai attendue, je savais que vous reviendriez, je le souhaitais ». Elle le regarda. Il mentait. C'était évident. Pourtant, au diable les démons, elle choisit de croire à cette histoire. Après tout, c'était la fermeture, elle le quitterait en vitesse, sauterait dans le premier taxi. Au coin de la rue voisine, à l'entrée d'un commissariat, il y avait un attroupement et des éclats de voix. Claire Brévaille perçut « vous n'avez pas le droit d'arrêter nos enfants sous prétexte de danger moral » et un « je veux voir mon fils, c'est mon fils, c'est mon droit ». Elle but son chocolat, à petites gorgées prudentes, un régal, c'était le fond de casserole de la journée, tout l'amer s'y était donné rendez-vous. « Vous aimez ce qui se passe en France en ce moment ? » demanda l'homme. Claire Brévaille ne répondit pas. L'homme poursuivit « je suis né à Louqsor, ma famille est en France depuis trois générations, j'ai mon bac, j'étais comptable, maintenant je vends des voitures. C'est pour ça que je suis bien habillé. La cravate, ça épate le client. Vous êtes encore plus belle quand vous vous taisez ». « Je ne suis pas belle », murmura faiblement Claire. L'homme n'entendit pas. Comme elle allait payer pour son chocolat, il posa sa main gauche sur la main droite de Claire, second contact, ils se regardèrent. « Je ne veux pas de ça », dit Claire « Je le veux autant que vous, qui nous empêche ? » Il y eut un silence. L'homme paya. Le serveur rendit la monnaie en disant « c'est fermé depuis dix minutes ». Claire Brévaille baissa les yeux, serra son sac contre elle. L'homme dit « nous partons ». Claire termina son chocolat. « Vous êtes gourmande ? » Elle répondit « oui, ce soir, mais… »

Il posa un doigt sur les lèvres de Claire, « ne dites pas mais, tout se passe très bien ». La voix de l'homme aussi lui plaisait, rugueuse, une voix qui venait du ventre. C'était un homme beaucoup plus jeune qu'elle. Ils se levèrent. Elle dit « je vais par là ». « Moi aussi. » Il la surprit en la prenant par la main, immense main gauche. Elle se sentit embarquée à son esprit défendant, à son corps réclamant. « Vous me redonnez confiance », dit-il. C'était très exactement ce qu'elle venait de penser de lui. Elle fit un vœu, revenir le dimanche soir, être là pour la fête des mères. Qui saurait, après tout? Ils marchèrent jusqu'à la fontaine des Innocents. « L'erreur, pensa Claire Brévaille, c'est d'avoir vécu cartes sur table », mais l'homme la tenait par la main et cela lui procurait de cette confiance qui chasse les pensées de l'errance, on ne se voit plus très bien désormais, on ne sait plus très bien qui l'on est, on s'abandonne, un désir sans suite, un vrai désir. Il dit « regardez, la foule du commissariat est repoussée, ne bougeons pas ». Il y eut des lazzis, des quolibets et un « fasciste » retentit dans la nuit de la place, renforts de police immédiats, bombes lacrymogènes à bout de bras les policiers aspergèrent manifestants et passants. Il y eut quelques arrestations. « Demain, dit l'homme, au commissariat ils diront ne pas être au courant. » Claire Brévaille pensa qu'il n'y avait rien de triste dans le constat, tout cela serait plutôt offensif, et l'instinct de conservation jouerait très fort son rôle, contre la soumission et la lassitude. Elle se souvint d'une époque au début des années soixante où Pierre l'emmenait de meeting en meeting, la tenant par la main lui aussi. Elle avait alors vraiment cru qu'il appartenait au génie de la jeunesse de rompre par l'action les incertitudes de l'esprit. Elle n'avait vécu après que seule avec Pierre et les siens, ceux de son ventre. Elle dit à l'homme « allons plus loin, voulez-vous ? » Le gaz lacrymogène les chassait, la place était dans un brouillard, les passants se dispersaient. L'homme lui tenait la main, très fort, il souriait. Elle imagina son corps à partir de la main. Il lui dit « ne tremblez pas, Claire, je suis sincère ». Ils avaient toujours le mot juste, dans l'instant, pour ouvrir le piège. Comme Pierre. Un homme, enfin. Elle imagina l'étreinte. C'en était fait. Elle l'emmenait à l'hôtel Brabant de Ligne. L'homme se gardait bien de s'inquiéter de savoir où elle l'emmenait. Tant pis pour le gardien de nuit, elle demanderait la clef de la chambre 473 avec aplomb, l'air dégagé. La poursuite, en elle-même, avait assez duré. L'homme était beau, teint cuivré, un peu plus grand qu'elle, svelte, large d'épaules et carrément brun, tout un contraire de Pierre, elle pourrait se réfugier. Elle se sentit envahie, fiévreuse, un émoi qu'elle n'avait pas connu depuis si longtemps. Ils remontèrent la rue Saint-Honoré. Dès qu'il y eut moins de monde, voitures et passants, si tard le soir déjà, soir du premier jour, ou si tôt le matin, matin du second jour, il s'arrêta plusieurs fois et la prit dans ses bras pour l'embrasser. « Ouvre les yeux, lui dit-il très joyeux, c'est moi et pas un autre, comme tes cheveux sont fins », et il lui saisissait la nuque pour l'embrasser mieux encore. Elle ne pouvait pas ouvrir les yeux.

« Comme tu es romantale et sentimentique », vieil adage familial, lui avait dit Francis lorsqu'elle avait prévenu son père de ce qu'elle aimait depuis peu Pierre. Il avait ajouté « et c'est dangereux pour qui ne sait pas tout taire en soi ». Cléa avait trouvé que Pierre était « anodin », « et en plus, disait-elle, il a des idées sur le monde ». Claire s'était, alors, en rebelle déterminée à ne jamais donner raison à sa mère dans le désir d'échec qui l'animait quand elle parlait du futur couple, comme de tout autre couple, une habitude. A y bien réfléchir, Claire Brévaille se dit qu'elle seule avait choisi Pierre et que Pierre ne l'avait prise pour femme que parce qu'elle n'était ni trop ni trop peu, ni belle ni laide, ni sotte ni intelligente, une future bonne mère, une vraie bonne femme à tout faire. « A quoi penses-tu? » lui demanda l'homme en la serrant contre lui. Elle aurait voulu pouvoir prétendre que tout tournoyait en elle, qu'elle se cherchait mille et une raisons, comme dans un conte merveilleux quand la merveille verse à l'outrage et quand l'instinct crée la surprise, mais elle ne voulait pas faire fuir l'homme qu'elle venait de séduire ou qui venait, également, de la séduire. Elle avait besoin de ce sentiment de passage et de pure perte qui la tenaillait. Aussi répondit-elle « je pense au bon temps que nous passons ensemble alors qu'il y a une heure nous ne nous connaissions pas ». Elle se laissa de nouveau embrasser, comme une gamine, en plein milieu du trottoir. « Tu me plais beaucoup », dit-il. « Beaucoup c'est trop », pensa-t-elle, « je n'en demande pas tant » et « je ne demande rien ». Elle lui dit alors en riant « tu mens ». Il répondit « non, je suis sincère, je t'assure, Claire ». Il venait de l'appeler par son prénom, juste ce qu'il fallait, au bon moment, en virtuose, et après? plaquée, contre lui, c'était la preuve et c'était bon. La main dans sa main, elle pressa le pas, elle l'entraînait. Il n'y avait donc pas ou plus d'innocence, il n'y en avait jamais eu.

Peu après la mort d'Antoinette Survin, elle avait été prise de vertiges, elle avait d'abord mis cela sur le compte de la fatigue et de l'épreuve, son gynécologue avait diagnostiqué une forte poussée de tension et l'urgence d'une opération de curetage préventif, bénigne certes, mais mutilante. A son tour, Claire Brévaille s'était retrouvée dans une clinique, proche de la Résidence George-Sand, pour quelques jours, avec des fleurs, des visites, des livres, des coups de téléphone, et Pierre qui, pour ce temps-là, ne l'avait plus appelée « femme » mais « Claire » ou « Lilou » comme avant. Mais ça n'avait été qu'une parenthèse. Nul n'avait pu imaginer l'inimaginable, l'effroi d'une femme abandonnée par son propre corps. « Oh, ce n'est rien de grave, ma petite », avait dit Cléa en se penchant pour l'embrasser sur le front, « nous sommes toutes passées par là. Toi, tout de même, c'est un peu tôt. » Martial, sans Lou, avait apporté des fleurs rouges, maladresse. Margot n'était venue que pour dire qu'elle était pressée et Marc s'était tenu, muet, gêné, secret, « je ne sais pas quoi te dire, Man ».

Ils traversèrent la rue de la Paix, deuxième à droite, première à gauche, ils étaient pressés. Devant l'hôtel Brabant de Ligne, Claire Brévaille lâcha la main de l'homme et lui dit « c'est là ». Le portier lui remit la clef 473, sans même lever les yeux vers eux. Ils s'engouffrèrent dans l'ascenseur. Sitôt la porte de la chambre refermée, elle alluma la lumière, il l'éteignit, « laisse-toi faire, murmura-t-il, ne pense plus à rien ».

HUIT

La lettre à Pierre s'achevait par un post-scriptum, *je me demande si j'enverrai cette lettre ou pas. Pourquoi revenir par « normalisme » sur nos élans premiers? Excuse les ratures, elles ne relèvent pas du brouillon mais de l'original.* Claire Brévaille déchira la lettre et se retourna. L'homme dormait nu, sur le côté, les bras tendus vers elle comme si elle avait été encore à côté de lui, dans le lit. Le jour se levait. Elle sourit en se disant qu'ainsi, au cinéma, par la sanction et l'artifice du montage, par censure également, les scènes d'étreintes étaient évitées. On n'acceptait que les dérives de l'approche et des rencontres, avant, l'annonce de possibles ruptures et de fugitifs adieux, après, mais pas, surtout pas ce qui s'était passé pendant le corps à corps, ce heurt, ce don, cet abandon. L'homme dormait profondément. N'avait-il pas eu de sommeil et de grand lit depuis longtemps? Il était épuisé, elle était rompue. Le jour, petit à petit, s'était levé sur leurs ébats, drap du dessus arraché et bientôt ç'avait été la lumière, elle l'avait observé. Il était bien tel qu'en sa main, aussi franc que la première poignée échangée et lisse de peau, tendu, vigoureux, d'une force à ce combat-là qui le rendait valeureux. Elle s'était sentie comblée, sans aucun sentiment de culpabilité, fière d'avoir vécu la scène capitale d'un film, celle-là même toujours laissée à l'imagination, tant de chutes dans les bobines de cinéma, le sexe avait pourtant la vertu de l'éclat. Il n'était, pour la convenance, que laissé à l'interdit, aux hasards éternellement inassouvis alors que, culminant, point sublime et point de chute, il avait un sens, un goût, une rigueur et constituait une réponse. Sitôt l'étreinte achevée, cela avait duré deux ou trois heures, mais alors le temps est pendu, Claire Brévaille et l'homme s'étaient endormis. Un rêve l'avait habitée, un rêve qu'elle craignait, qu'elle connaissait depuis son adolescence et qui revenait toujours au moment où elle s'y attendait le plus. D'ordinaire, elle se retrouvait dans les coulisses d'un théâtre, la représentation était en cours, elle devait entrer en scène au second acte et elle ne savait pas son rôle. Elle ne savait même pas quel rôle elle avait à jouer ni de quelle pièce il s'agissait. A peine détachée du corps de l'homme, incrustée de sommeil, le rêve, dans l'instant, était revenu. Et, nuit du vendredi au samedi, bref repos, comme une halte après une bataille, elle avait pu entrer en scène, elle avait su donner la réplique sans même comprendre ce qu'elle disait, les autres acteurs avaient pu jouer la pièce et surtout, vu du plateau elle avait enfin découvert le peuple de la salle, attentif, exigeant, dégageant une chaleur massive et bestiale, celle-là même du groupe qui se réjouit, de la tribu qui festoie, de la famille réunie. Pour la première fois, au rendez-vous de ce rêve qui ordinairement versait au cauchemar, Claire Brévaille avait pu entrer en scène, jouer son petit rôle, maillons de mots qui permettaient aux autres de jouer et de se donner en spectacle. Elle n'avait que quelques répliques et cela lui avait permis d'observer le public. Elle ne savait pas très bien qui elle était pour ces gens qui s'agitaient autour d'elle en scène ni pourquoi elle disait ce qu'elle disait et qu'elle ne comprenait pas, mots vides et cependant capitaux, le voile du cauchemar venu de l'adolescence, harcelant, surtout les nuits de mauvaise grâce, venait enfin de se déchirer. Claire Brévaille venait de franchir un cap, une réussite? Sitôt le second acte achevé, pourquoi le second acte, était-ce désormais un signe de ses quarante-six ans mère de famille, mission accomplie, mouchoirs en papier ils se mouchent et ils jettent, sous le crépitement des applaudissements de la salle, elle qui avait si souvent eu peur d'être tenue pour responsable d'une interruption de représentation, Claire Brévaille avait ordonné son réveil pour prévenir l'homme et lui dire, bêtement, tout de suite, sa joie. Elle l'avait caressé du bout du doigt à la hanche et à l'épaule en murmurant « Neguib? » L'homme dormait. Il n'y a que les ragots pour rendre la nudité obscène, ainsi que l'intrigue ou la rivalité, cette forme insoupçonnée de jalousie et de gourmandise. Elle lui avait aussi caressé le sexe en érection. Elle aurait tant voulu qu'il la prît encore, à cet instant-là, pour saluer la fin d'un mauvais rêve habituel, il était repu, rompu, à nouveau pesamment autre qu'elle-même. Claire Brévaille s'était laissée glisser hors du lit, non pour aller se laver les mains, geste d'après le rêve de la veille, avec Pierre, cirage noir, mais pour écrire à Pierre et lui annoncer le déchirement du rêve, son entrée en scène, le tout sur papier à en-tête, *B de L,* hôtel Brabant de Ligne, manquaient le numéro de la chambre et le prix de la nuit, une lettre bonne pour la panière. Claire Brévaille prit alors l'imprimé destiné au petit déjeuner et fit la commande pour deux au nom de « Dutheil ». Elle mit des croix un peu partout, ce serait le festin du matin. Elle suspendit le papier à la poignée extérieure de la porte, ouvrit en grand la fenêtre qui donnait sur le patio et se pencha pour regarder le ciel, il était gris, uniforme, Paris vrombissait déjà un peu. Elle se glissa sur le lit, se rapprocha de l'homme. Les bras de l'homme étaient pesants quand elle les souleva pour les croiser sur son ventre. Elle s'endormit, apaisée, fière d'être entrée en scène. Trois heures plus tard quand le petit déjeuner leur fut servi, elle avait jeté un drap sur l'homme et, réveillée en sursaut, s'était enroulé une serviette de bain autour de la poitrine et du ventre, chariot, argenterie, œufs à la coque, toasts, croissants et confitures, il faisait soleil, l'employé d'étage était entré et ressorti en aveugle, l'homme s'étira, « viens près de moi, Claire, tu as bougé en dormant ». Elle répondit « oui, je sais », rien de plus, avec une joie au ventre qu'elle garderait pour elle, elle seule. Il lui dit qu'elle pouvait l'appeler par son prénom. Elle lui répondit « je t'ai appelé Neguib, tu ne l'as pas entendu ». « J'ai fait un rêve, murmura-t-il, je ne me le rappelle pas. » Claire Brévaille pensa que les hommes avaient une mémoire comme une ardoise magique. « Une ardoise tragique », disait Francis. « Si au moins tu te renouvelais », répondait Cléa. « Cléa, ma douce, quand on veut noyer un chien, on dit qu'il a la rage. » C'était leur amour.

« J'ai rendez-vous à quatorze heures à la porte de Bagnolet pour un cabriolet. » Tout cela sonnait juste et faux à la fois, ainsi Claire Brévaille s'était-elle vite lassée de Rod Llellewyn et elle n'avait pas été sans penser que leur premier rendez-vous avait d'ores et déjà été « manqué ». Il ne songeait qu'au jeu de cricket qui lui faisait grandement défaut et à cette ville de Manchester qu'il décrivait, vieille carcasse de cargo échouée en pleine campagne. Cela n'avait pas suffi pour faire oublier à Claire Brévaille le peu d'usage affectif qu'elle pourrait avoir du Rod en question. Il disait de lui-même « j'ai une batte en travers de la tête ». De même l'homme, qu'elle tenait à ne pas nommer par son prénom pour ne rien marquer d'une passade, une absence de l'un à l'autre et inversement, lui inspirait une certaine méfiance, la fin déjà, d'un plaisir à peine ébauché, Pierre la tenait. « Les clients pour les cabriolets se font rares, les petites voitures, ça se vend mieux et ça roule plus longtemps. » Le charme était rompu. La lumière était crue. Claire Brévaille renoua la serviette autour de sa poitrine. Elle se sentit brusquement à découvert, scrutée, telle quelle. Si au moins elle avait su et pu s'aimer un peu plus. Car c'était bien là le sens et le creux de ces jours d'absence répétés. « Il y a de l'avenir pour la bagnole, il suffit de bien s'y prendre. J'ai vu le client hier, je le revois aujourd'hui. Je ne dois pas me présenter avec la même cravate. Le costume, oui, à la rigueur, la cravate, non. Peux-tu me prêter deux cents francs ? J'en achèterai une en sortant de l'hôtel. C'est le quartier. Je te rendrai l'argent ce soir, affaire vendue ? » Il avait achevé sa phrase en riant. Il savait aussi jouer de ses dents. Claire Brévaille lui donna un billet de cent francs, « ne cherche pas, cent cinquante ça suffira, ça ne te gêne pas, au moins ? » Elle ne répondit pas, lui rendit son sourire, le même. Elle le singeait et il ne s'en rendait même pas compte. Elle ajouta cinq pièces de dix francs, mit son sac sous l'oreiller et s'allongea sur le lit, fermement décidée à ne quitter cette place que lorsqu'il serait parti. Elle but son café posément, termina les petits pots de confiture à la cuillère. « Toutes pareilles, toutes gourmandes, je peux prendre un bain ? » « Bien sûr. » Vu du lit, le chariot du petit déjeuner dévasté, les draps en pagaille, une lettre déchirée dont un petit bout était resté accroché au rebord de la panière, la fenêtre ouverte, avec vue imprenable sur le mur d'en face, une autre chambre où s'affairait une femme d'étage, et la rumeur du patio, petits déjeuner tardifs, Claire Brévaille guetta le moindre bruit dans la salle de bain. Peau de soie, l'homme imberbe n'aurait pas besoin de rasoir, mais il faisait couler tous les robinets, ablutions. « Je peux prendre ta brosse à dents? » « Oui. » « Je peux prendre la grande serviette? » « Oui, fais. » Elle l'entendit clapoter dans la baignoire. Il fredonnait de la gorge, bouche fermée, une mélopée évocatrice d'un voyage lointain. C'était beau, très bien ainsi. Claire Brévaille se sentit le cœur pincé, les pensées à nouveau survenaient et elle s'interdisait de s'avouer qu'elle aurait tout fait pour se retrouver illico Résidence George-Sand et vivre un samedi matin ordinaire quand il faut passer les bols à café vides à l'eau de l'évier avant de les placer dans le lave-vaisselle sinon il reste des traces. Les petites habitudes avaient donc bien du sens mais Claire Brévaille, le dos calé par l'oreiller et sous l'oreiller le sac à bandoulière, prit la décision de ne considérer aucune des pensées qui l'effleuraient dans les deux jours à venir, imposant une ou des morales à son histoire, du genre « tout vient à temps pour qui sait attendre ». A propos de Rod Llellewyn, Francis avait dit « profites-en ma fille, ce n'est qu'une historiette ».

L'homme sortit du bain et se montra nu, dans la chambre, en train de s'essuyer. Il était plus beau que le plus bel homme qu'elle eût pu imaginer si elle avait eu le goût de l'intrigue et de la convoitise, si elle avait eu conscience de son corps. « J'ai cru que tu t'étais endormie, je peux prendre ta brosse à cheveux? » « Bien sûr. » L'homme très vite s'habilla, col de chemise ouvert, empocha l'argent, lustra ses chaussures avec un pan du couvre-lit et posa sa cravate sur la coiffeuse, « je la reprendrai ce soir. Je t'attendrai à dix-huit heures, au Père Tranquille, ça te va? je t'inviterai à dîner ». Il s'agenouilla sur le lit, l'embrassa sur le front, « tu m'en veux de te quitter pour la journée, avoue? » Claire Brévaille aurait voulu rire. Elle pensa « goujat ». « Je t'aime bien, tu sais, Claire. » Elle pensa « menteur » et « pourquoi seulement bien? » Il quitta la chambre, elle respira, enfin, seule, son projet.

Chacun se considère au-delà de tout soupçon. Claire Brévaille resta un temps allongée sur le lit. Elle se figurait les pires horreurs comme pour donner un peu d'honneur, sinon de grandeur, à sa fuite. Ainsi imagina-t-elle son retour le dimanche soir, table mise pour la fête des mères et dans le salon les corps de Martial, Margot, Lou et Grégor, dans le couloir Marc, tous tués par Pierre qui s'était ensuite donné la mort. Peut-être avait-elle lu cette histoire de meurtre collectif dans une rubrique de faits divers, sept lignes un jour, plus rien le lendemain, elle était la survivante, la suspecte nº 1, il faudrait attendre que les experts en balistique se prononcent et prouvent son innocence, même si elle était absente, « pourquoi », « où étiez-vous? », « avec qui? », « nous voulons votre emploi du temps minute par minute », elle imaginait une instruction, son accablement, sa réelle culpabilité, même Cléa se présenterait comme témoin à charge, « avec qui avez-vous passé la nuit de vendredi à samedi? », elle qui se croyait au-delà de tout soupçon. Autre scénario, elle se voyait assise, au pied d'un peuplier, face à la Résidence George-Sand, le dimanche soir, répétant « je ne peux pas rentrer », « je ne veux plus recommencer », observant les lumières à son étage, repérant l'ombre portée de Pierre sur les rideaux, alors elle se tranchait les veines. Son visage tombait de l'avant, fin, un scénario compensant l'autre. Onze heures du matin. Elle se ressaisit, fit rouler le chariot du petit déjeuner devant la porte de la chambre, accrocha la pancarte *do not disturb – ne pas déranger* à la poignée, prit un bain, serviette mouillée, après tout ç'avait été une belle nuit, et s'habilla, choisit un des deux chemisiers couleur de feuilles mortes, la cravate de l'homme nouée négligemment, col ouvert, à la garçonne, la jupe neuve, les chaussures neuves. Elle quitta la chambre, sac en bandoulière, l'air jeune fille comblée. Elle rendit sa clef au portier. Une voix de femme tonna derrière elle. Sylvie. « Qu'est-ce que tu fais ici ? Tu connais mon mari ? Henri, c'est Claire, une bonne amie d'enfance, elle était ici, à notre mariage, elle portait même une robe mauve, tu te souviens, Claire ? Tu es seule aujourd'hui ? Moi aussi. On va faire du shopping ensemble ? »

NEUF

Sitôt la porte de la chambre refermée, elle avait allumé la lumière, il l'avait éteinte et, dans l'obscurité de la chambre, s'était agenouillé devant elle, lui avait baisé les mains, l'une, l'autre, alternativement, plusieurs fois, il avait les lèvres douces. Tout s'était déroulé lentement, sans aucune parole échangée pour troubler la fête des corps. Il la désirait vraiment, ou bien désirait-il toutes les femmes ainsi, mécaniquement ? Brusquement, dénudée, pétrie, toujours debout et lui à genoux, front contre ventre, elle avait tout oublié, livrée à l'instant, et s'était sentie agréablement inhabitée, captive, abandonnée. L'homme avait eu une manière délicate de lui retirer ses chaussures plates l'une après l'autre, un rituel, les brandissant tour à tour tels des trophées ou des coupes, les chaussures des cent pas avec le vent. Il lui avait baisé les pieds. « Tu ne dis rien, demanda Sylvie, tu n'es pas heureuse de me revoir ? »

C'était donc cela, le prégnant et le furtif, le passager et l'essentiel. Il l'avait couchée sur le lit, lui habillé, elle nue, et il l'avait empoignée avec cette douceur accompagnée de rigueur et de précision qui fait naître la vigueur et l'ardeur. Tout était plein et chantant, la tête de Claire bourdonnait. L'homme butinait et se montrait fermement décidé à prendre son temps. Ainsi donc Claire Brévaille avait-elle tant de temps oublié son corps au point de ne plus se soucier de l'usage qu'elle pouvait en faire, malgré tout, pour le plaisir, fût-il factice. Au point également de le mépriser car chacun des gestes reçus signalait la découverte et un possible régal. Tout, dans l'obscurité, la ramenait à ses formes, ses galbes, son delta, ses frissons, tout ce qui donne conscience de la place que l'on tient dans l'espace et qu'elle avait oublié de considérer. De Pierre, elle n'avait pas été le réceptacle depuis longtemps, Pierre qui avait été toujours si bref à trouver sa propre jouissance, n'ayant que de trop brefs égards à son corps à elle. Ce n'était ni l'heure des reproches ni le moment des accusations et encore moins l'instant d'un remords. Son attachement pour Pierre était d'autre nature. Le portrait d'eux deux ne se pouvait qu'en creux, inépuisable trésor d'absences, d'attentes et de demandes. Claire Brévaille, la tête vide, le cœur battant, avait observé l'homme se déshabiller, placer ses chaussettes dans ses chaussures, défaire le nœud de sa cravate, déboutonner sa chemise de haut en bas, plier précautionneusement son pantalon et le suspendre avec la veste dans le placard encombré de paquets-cadeaux. Elle le devinait plus qu'elle ne le voyait. Et quand enfin nu il s'était allongé contre elle, brandi, heurtant, elle avait complètement repris sa respiration afin de plonger plus profondément encore. L'homme avait très exactement le corps de ses mains et le sexe de sa bouche. « Moi, je t'ai reconnue tout de suite, dit Sylvie, toujours aussi mal habillée, vraiment cette cravate avec ton chemisier. Tu es mariée? Comment trouves-tu mon mari? Nous voyageons beaucoup, tu sais. Nous n'avons pas d'enfants, je n'ai pas voulu, et toi? »

Dans l'étreinte, il n'avait plus été question d'attentions même si l'homme agissait de manière tactile et subtile, « en expert », eussent dit les rompus qui ne considèrent plus le rapport du corps à corps que comme un sport, signe d'un temps d'ores et déjà révolu, sexe galvaudé. Même *La Princesse de Clèves* se terminait mal, passé l'émerveillement de la cour du prince de Nemours. Francis avait ainsi commenté la fin de ce roman que Claire prisait, prisonnière, entre tous, « elle a bien dû après rencontrer un vaillant jardinier, dans son couvent ». A la même époque, Claire avait vingt et un ans, Francis s'était ému d'une manifestation d'ouvriers d'Afrique du Nord dont il avait été témoin dans le quartier de l'Opéra, un soir de rituel abonnement à ce qu'il appelait la « Tragédie-Française ». Des milliers d'émigrés avaient défilé, plusieurs centaines avaient disparu, des corps avaient été retrouvés dans la Seine et la presse muselée avait tu l'événement. Le préfet de police avait déclaré « je n'ai pas le début du commencement d'une ombre de preuve ». Seul, ou presque, contre tous, un député avait déclaré à l'Assemblée nationale *la bête hideuse du racisme, que les civilisations, que les institutions ont tant de peine à refouler au fond du cœur de l'homme et de son esprit et de sa raison, la bête hideuse est lâchée. Vite, monsieur le ministre, refermez la trappe*. Le texte intégral du discours était resté longtemps épinglé au mur, au-dessus du bureau de Francis, dans le coin du salon qui lui était réservé. Puis très vite, si vite, l'oubli, le mutisme. A propos du texte épinglé, Francis avait dit à Pierre, lors d'une de ses premières visites de fiancé, « cela ne me donne même pas bonne conscience, mais de savoir que quelqu'un s'est levé et l'a clamé calme un peu la douleur que peut et doit inspirer une telle nuit d'horreur ». Aussi Pierre avait-il été conquis par Francis, et Claire Brévaille n'en avait conçu que plus de fierté et de détermination à l'épouser. L'étreinte, c'est tout en même temps, qui sonde l'autre? Chacun ne se sonde-t-il pas alors jusqu'à l'outrage, bref résumé de vie, fulgurances? De quel tabou s'agissait-il en réalité, masques arrachés? Claire, prise par l'homme, pénétrée, écrasée, pour un grain de peau, un rien de respect et de rite dans l'acte dévastateur du sexe, rien que le sexe, faire l'amour, de tout son corps et avec tout le corps de l'autre, s'était souvenue des mots *bête hideuse, trappe,* et de celui de *ratonnade* né de l'horreur de cette nuit que peu de témoignages pourraient désormais graver dans une mémoire de l'Histoire. Ou peut-être, plus ordinairement, par cet appel au souvenir, dans le désordre et le plaisir, Claire avait-elle appelé à l'accord tacite du père, car l'homme qui s'était saisi d'elle était étranger, mat, doux et teinté de peau, inquiet sans doute, elle en débattrait plus tard, comme une prescience, elle le laisserait en parler le premier. Claire Brévaille avait mis un terme à ces parenthèses qui la hantaient. Elle s'était dit qu'elle avait aimé Pierre comme son père et redemandé qui, dans l'étreinte, sondait l'autre, avait cambré ses reins et s'était abandonnée, l'homme lui dévorait le ventre. « Quand même, dit Sylvie, la police, il fallait ça, il était temps, Henri et moi n'osions plus venir à Paris. Tu veux un café? Là? A la terrasse, au soleil? Parle-moi un peu de toi. Tu es seule à l'hôtel? »

La voix de Sylvie était acidulée, un filet aigre-doux, tout à l'aigu, elle était devenue si menue, agressivement bronzée, déjà ridée, les lèvres encore plus fines et coupantes qu'auparavant. Elle parlait de Hyanis Port, des vacances en Californie, « pour rien au monde nous ne reviendrions ici et Henri est passé à la direction américaine de la firme. Il brasse des affaires importantes, big business, tu me suis ? Tu es toujours aussi peu élégante, retire cette cravate, vraiment, on va nous prendre pour des lesbiennes. Ton mari fait quoi ? » Claire Brévaille la laissa pépier en buvant son café de l'extrême bout des lèvres, le petit doigt en l'air. « Et il y a tous ces virus, comment le vivez-vous, vous ici ? Nous, c'est de la folie. Tant pis pour ces petits cochons de gays et leur prétendue libération, nous ne voulons pas de leur maladie. » Claire Brévaille murmura « Jean-Baptiste », Sylvie lui demanda « c'est le prénom de ton mari ? »

Ils avaient arraché le couvre-lit, la couverture et le drap du dessus. Claire avait jeté par terre les oreillers et le traversin. Sur l'aire nue il n'y avait plus eu de tête de lit, de pied, de côtés, chacun s'accrochant à l'autre dans un sens, dans l'autre. Il n'y avait plus eu de sens et tout alors comptait. Elle se surprit même plusieurs fois à baiser à son tour les pieds de l'homme pour mieux se jeter dans ses bras, rouler sur le lit et le retrouver au-dessus d'elle, lui bras tendus, elle écartelée. Elle avait la bouche pleine de sa salive, leurs corps ruisselaient. « Tu es sûre que tu vas bien ? » demanda Sylvie. Claire Brévaille caressa la cravate. « Tu ne dis rien, ma Claire, sache que j'ai l'habitude. Là-bas, ou ils boivent ou ils se taisent, Henri les supporte, moi pas. Alors je me donne tout entière à l'élégance, j'ai commandé des robes, tu m'accompagnes ? »

Au plus fort de l'étreinte, Claire Brévaille n'avait encore pas pu s'empêcher de penser, c'était là peut-être le privilège de la jouissance. Elle aurait voulu chambarder le monde, renvoyer les êtres à eux-mêmes une fois pour toutes, pour un peu de ferveur retrouvée, comme un bouquet de violettes, geste renaissant, afin de dire que l'on attend. Elle aurait voulu pouvoir crier, hurler, de solitude et de plaisir, elle aurait voulu tant et tout, tout ce qui lui paraissait désormais impossible, inaccessible, définitivement coupé de la réalité. Elle aurait voulu un petit signe. Elle aimait cette jouissance autant qu'elle la détestait. Elle eût si fort souhaité que cela vînt de l'unique compagnon, de son choisi, de son élu, de son Pierre. Et ce n'était que d'un homme de passage, comme un accroc, un rapace et elle, plus rageuse encore, sans aucune amertume, porteuse de foule, un coup de racaille, si peu un coup de cœur. Elle lui baisait la paume des mains, « je suis le septième enfant, avait-il dit, mon grand-père était pêcheur ». Seul aveu, uniques paroles de toute une nuit. Claire Brévaille ne comprenait plus rien, tout chavirait. Quand on regarde un musicien dans un orchestre, on n'entend plus que lui. Il y avait foule en elle. Il fallait que ça suinte. Ils tombèrent du lit. Claire Brévaille avait ri à ce moment-là. « A la bonne heure, lui dit Sylvie, enfin, un sourire. » Sylvie? C'était la maigreur, et l'aigreur.

Ç'avait été le calme puis à nouveau l'alerte. L'homme l'avait fait jouir sans qu'elle eût un instant un sentiment de débauche. Ce qu'elle vivait était incommensurable et indicible. Il la prenait autant qu'elle le tenait, elle et ses broussailles d'histoires sans importance, lui fort de son corps. Elle s'imaginait dans des filets. « Je prends celle-ci ou celle-là? Elles sont toutes les deux à ma taille. » Sylvie tendait les robes comme des pendues. « Très bien, dit Sylvie, je prends celle-là. Henri déteste le vert. »

L'étreinte, c'était la grande instance, le recours suprême, l'appel en grâce, sans aucun espoir de circonstances atténuantes. « Tu es trop compliquée pour ceux qui sont simples et trop simple pour ceux qui se veulent compliqués », lança Sylvie en tendant une carte de crédit à la caissière d'une parfumerie de luxe, « je fais mes provisions de parfums en *duty free*. C'est moins cher qu'à Dallas et puis il y a les cadeaux de fin d'année. Qu'est-ce que je te disais ? C'était important ? Prends ce que tu veux, choisis, je paie. Si tu voyais notre maison là-bas. Je suis folle de détails. Tout y est parfait. Tu es moins bavarde que lorsque nous étions petites. Si je t'ennuie, il faut me le dire. Je t'emmène faire des courses avec moi, pour te faire plaisir, tu entres partout, ça ne te coûte rien, mon rêve, et tu ne dis rien. Claire, dis-moi que ça ne va pas. »

L'homme, c'est ainsi qu'elle le nommait dans la mémoire du matin, l'avait comblée, tarabustée. Il l'avait ramenée à elle-même et surtout à son corps. A nouveau elle habitait ses jambes et ses bras, avait conscience de son buste et de son ventre. Elle se sentait déliée. C'était très bien ainsi, ou ni bien ni mal, c'était, Claire se méfiait de tout jugement moral. Sylvie se faisait livrer les achats à l'hôtel Brabant de Ligne. Elle prenait alors, à la demande de livraison, un accent vaguement anglais, plutôt ordinaire et américain, faisant sonner à l'aigu le *t* de Brabant. Claire Brévaille était joyeuse de n'avoir rien dit. Elles se retrouvèrent à une autre terrasse de café, avenue Montaigne, « aujourd'hui, je ne dois pas dépasser six mille dollars, ce pays courait à sa fin, heureusement tout change même si le dollar tombe. Je prends un citron pressé et toi ? »

Un voisin de table lisait un journal. En manchette et sur toute la largeur, le nouveau Premier ministre déclarait *avant la fin de l'année, la France aura un autre système de valeurs que celui sur lequel elle vivait précédemment.* Claire Brévaille sourit, sinistre comédie. « Et toi, que prends-tu ? » répéta Sylvie. « Je m'en vais, je te laisse seule. Adieu. » Claire Brévaille reprit son chemin.

DIX

ELLE s'engouffra dans le métro, royaume des automates plus frais à cette heure dominante du jour plus triste également, chacun pour soi, le troupeau. Elle changea de ligne à Concorde, descendit rue du Bac, elle remonterait le boulevard Saint-Germain, s'arrêtant aux vitrines des antiquaires et des galeries d'art, mais devant, seulement devant, c'était une femme du dehors, elle ne rêvait même plus à de possibles trésors et tous ces luxes exposés lui parlaient bien moins que le souvenir de Francis récitant *Le Lac* de Lamartine, *éternité, néant, passé, sombres abîmes, que faites-vous des jours que vous engloutissez?* ou de Cléa se demandant où elle avait posé son « vous-à-moi », bague sertie de deux pierres turquoise que les femmes de sa lignée se léguaient de génération en génération, « elle sera à toi, ma Claire, le plus tard possible, si je ne l'égare pas définitivement d'ici là ». Le luxe, c'étaient les meubles de La Capte, bahuts et bibliothèque en pin qu'elle avait nettoyés, cirés, lustrés avec cette cire d'abeilles dont le parfum ne la quitterait jamais. Le luxe, c'était le chat Mercutio ronronnant dès qu'il la voyait s'approcher du moulin. Le luxe, ç'avait été de donner le sein à Martial, à Margot puis à Marc. « Ma petite laitière », disait Pierre. C'était bien longtemps avant qu'il l'appelât « femme » pour la première fois. Il avait eu, alors, besoin de reprendre une distance. Aussi l'avait-elle accepté en se disant qu'il y avait là du consentement mutuel. Le luxe, c'était d'être encore jeune, dépendante de ses parents, d'avoir à disserter sur le même Lamartine à propos de l'*Histoire des Girondins* destinée à donner au peuple *une haute leçon de moralité révolutionnaire propre à l'instruire et à le contenir à la veille d'une révolution*, et de pouvoir interroger un père. Le luxe, c'était de ne se reconnaître en nul autre tout en se sentant aussi solitaire que solidaire. Le luxe, dans le cœur de Claire Brévaille, c'était un adieu à Sylvie, aucun exemple à donner de soi-même, la capacité de sourire pour une manchette de journal et un rendez-vous au Père Tranquille en fin d'après-midi.

Elle était toujours à s'inventer des problèmes qui n'ont pas lieu d'être, toujours à chercher un lieu de paroles pour justement être et, consciente à l'extrême, allure pressée de son pas, désir de tout voir, bye bye Sylvie je te laisse à tes détails et à tes élégances, de vivre dans un monde où plus rien n'était à inventer, tout redevenait à découvrir. Elle ne s'était pas rendu compte qu'on l'aimait quand on l'aimait, qu'elle avait été aimée et qu'on l'aimait encore fort. Elle avait une faim de louve, comme si elle n'avait rien mangé depuis le dernier petit déjeuner à la Résidence George-Sand, avec Pierre, la décision n'était pas encore prise, se perdre pour mieux se retrouver, fuir pour mieux revenir, ne donner aucune explication pour demander plus vivement encore. Elle choisit un restaurant vide, triste et frais. Elle déjeuna, seule, au fond de la salle. Le repas fut copieux. Elle dévorait. C'était après l'heure de pointe, dernière cliente du service de midi, le serveur lui avait apporté le café et l'addition sans qu'elle ait rien demandé. Pierre l'attendait, c'est sûr, chaque minute comptait. Elle l'emporterait, en trois jours, amère victoire, sur le territoire de l'inquiétude, de l'absence et du dévouement qui était de toute évidence aussi celui de l'attachement, vie commune, si peu une vengeance. Etait-ce trop demander ? « Femme, ça ne va pas ? Tu peux me parler », lui avait-il dit à plusieurs reprises. Elle lui avait répondu un soir « j'ai les ailes brûlées ». Il avait fait semblant de ne pas avoir entendu.

Elle sortit du restaurant, regagna le boulevard. A cette heure-là, début du match de rugby, Pierre s'était installé devant la télévision, déterminé, imaginait-elle, à ne prévenir la police qu'après. On lui répondrait « oh, vous savez, des gens qui disparaissent, il y en a des milliers chaque jour ». Claire Brévaille se souvint de ce que son père lui avait dit le jour de son mariage, en guise de vœux, ultime baiser sur le front avant qu'elle ne quittât sa chambre de jeune fille, « ne te laisse jamais blesser par la vie ». C'était déjà fait, elle avait épousé les rêves du « trio » Donadieu, Survin & Brévaille. Cléa, ce jour-là, s'était montré plus ferme, « tout mariage est une cassure à vif et plus jamais de sutures ». Pour la naissance de Martial, Francis avait cité Claude Debussy, *achever une œuvre n'est-ce pas, un peu, comme la mort de quelqu'un qu'on aime*? Il avait ajouté « je suis heureux pour toi. Tu me manques, tu sais ». Il avait murmuré « je n'ai jamais été moi-même que par les autres, je les cite, je n'ai rien inventé d'autre que toi ». Claire Brévaille, harcelée, en proie à elle-même, chercha à se distraire. Elle entra dans le premier magasin, un magasin pour hommes. Sans même y avoir pensé, elle dit au vendeur « je voudrais une cravate. C'est pour un cadeau ».

A trop bien réfléchir, ça allait mieux quand ça allait moins bien. Quand ça ne va pas, on se tait, on se terre, on attend. Quand ça ne va vraiment plus, on fait un gâteau, on racommode des chaussettes, on vérifie les boutons de chemises pour que l'époux ne se fâche pas, on reprend l'ourlet d'une jupe, on nettoie les placards de la cuisine, on achète une revue de décoration pour rêver d'une autre maison, on fait les comptes du ménage pour être en règle avec soi-même, on change les draps du lit, on téléphone à sa mère alors qu'on n'a rien à lui dire, on nettoie les vitres, on modifie la place des objets, on se dit que tout va parce que rien ne va plus, encore faut-il que les enfants soient encore là, que le gâteau puisse être partagé, qu'il y ait du repassage à n'en plus finir, on éprouve alors plus de fierté que de lassitude à n'être que la blanchisseuse des siens. « Quelle couleur, la cravate, madame ? » « Rouge. »

Bien sûr, Pierre et elle auraient pu se « faire des amis », comme on dit. Mais ils n'avaient jamais réellement souhaité élargir le cercle de famille, se ménager des sorties, jouer la comédie des « c'est délicieux », des « c'est marrant » ou des « c'était exquis, merci ». Tout avait commencé et s'était achevé avec les Donadieu et les Survin. Claire et Pierre s'étaient fixés sur leurs trois enfants et la solitude de La Capte au point d'oublier qu'ils devraient un jour se retrouver seuls. De surcroît un sentiment commun les animait, ils savaient de nature observer sans aucune rancune jusqu'où pouvait aller se nicher la cupidité. Jusque dans l'amitié, hélas, et même l'affection. Elle devenait indécelable, viciant inévitablement les rapports à autrui. Claire et Pierre s'étaient tenus à l'écart, chacun de son côté, devant chaque jour trouver un point d'application de l'effort. « Laquelle des deux préférez-vous ? » Claire Brévaille choisit des deux cravates rouges la plus voyante. Elle voulait que ça claque. Quand elle présenta sa carte de crédit pour payer elle s'entendit dire « nous ne prenons que l'American Express, et nous n'acceptons plus les chèques, madame. Pour une si petite somme, vous avez certainement du liquide. » Elle sourit en pensant à Sylvie, paya, et s'en alla, paquet-cadeau à la main, avec faveurs, rubans et le nom du magasin bien en évidence. Elle se dit de Pierre et d'elle que chacun avait été l'otage de l'autre. Et elle, peut-être, en plus, la mendiante de son aimé. Comme une mouche qui se cogne à la vitre, elle irait jusqu'au bout de son dessein, pour voir, rien que pour voir.

Après la mort d'Antoinette, elle avait aidé Ludovic Survin à changer d'appartement. « Je ne peux plus, disait-il, vivre entre les murs où nous nous sommes aimés. » Il avait porté son choix sur « une grande surface habitable », ancien atelier de confection, derrière la Bastille, passage Carpeaux, « c'est lumineux et il me faut cet espace », cachant à Claire une liaison de plusieurs mois avec une jeune artiste peintre d'origine polonaise, une certaine Irina qui apporterait bien vite ses tableaux et ses toiles. Claire Brévaille avait aidé à l'emballage ainsi qu'au déballage de tous ces meubles et objets qui avaient accompagné Antoinette et Ludovic pendant tant d'années de vie commune. « Toi seule peux m'aider à faire ce tri, avait dit Ludovic au départ, d'un air à la fois touchant et crâneur, il y a des objets que je ne veux pas garder » et il avait été plus net à ordonner aux déménageurs « oui, ceci », « non, pas cela ». Tout ce qui signifiait Antoinette avait été entreposé dans une pièce et vers l'heure de midi, un jour comme aujourd'hui, ce jour, ce samedi, même ciel, mêmes nuages, même menace d'orage, un brocanteur était venu. « Combien pour le tout ? » Le premier prix annoncé avait été le prix accepté. Ludovic bradait. Etait-il donc si pressé ? Il avait tendu une petite boîte à Claire qui, plus tard, ne l'ouvrirait jamais, « ce sont les bijoux d'Antoinette, je te les donne ». Ils avaient déjeuné du côté de la Bastille. Ludovic Survin n'avait parlé que de l'avenir de l'industrie du plastique et critiqué Pierre qui « ferait mieux de se sortir de l'architecture industrielle avant que tout ne craque », et ils étaient arrivés sur place, second épisode de la journée, au moment où, lesté, sanglé, le camion de déménagement franchissait de justesse le porche d'entrée du passage Carpeaux. Il y avait eu le déballage. Le regard de Ludovic était redevenu plus vif. Il ordonnait de placer tel meuble à tel endroit avec une précision qui trahissait un projet de longue date et, elle, Claire, en l'aidant ne faisait que servir cette bonne conscience qu'elle exécrait. Elle avait posé son sac en bandoulière et la petite boîte près de la porte d'entrée. Une chambre toute neuve attendait mais Claire Brévaille n'avait pas eu à y entrer. Elle eût alors ressenti comme un dégoût ou un simple vertige. Elle n'avait rien à reprocher à qui que ce soit au monde. Après tout, c'était elle qui avait proposé à Ludovic de l'aider dans son déménagement et elle avait eu une curiosité certaine. En quittant l'appartement où il avait vécu un si long temps avec Antoinette, Ludovic avait dit au brocanteur « ah oui, il y a le lit, vous m'en débarrassez pour le même prix, les nouveaux locataires n'en veulent pas », une de ces violences qui ne s'annoncent pas et que nul ne songeait à dénoncer. Ludovic gommait une partie de sa vie, c'était son droit. La manière alerte de le faire avait inquiété Claire Brévaille. A la mise en place des meubles, Ludovic Survin s'était trahi, tout était si prévu et si précis. Et surtout il y avait eu l'incident de la fin de journée quand le camion délesté plus haut sur pattes, aux armes de Flash-Déménagements, une flèche transperçant un « D » majuscule, n'avait pas pu franchir à nouveau le porche du passage Carpeaux. Il avait fallu arrêter des passants et leur demander de monter dans le camion, dix, puis vingt, puis trente, au début un jeu, puis des « désolé, je suis pressé » ou « pardon ça me rappelle de mauvais souvenirs ». Une heure au moins pour que le camion puisse sortir avec une cargaison humaine au poids équivalent à celui des objets transportés. « Je pèse vraiment très lourd », avait dit Ludovic après avoir invité tout le monde à prendre un verre au café du coin. Claire Brévaille était rentrée en retard pour dîner. « Femme, je t'invite au restaurant puisque tu n'as pas fait ton travail. » Elle avait juste eu le temps de cacher la boîte en carton, en haut d'un placard, avec les vêtements de ski des enfants qu'elle tenait à conserver, comme des trophées, souvenirs des jours joyeux.

Tout revenait donc à rendre l'autre responsable en se ménageant une marge adéquate et confortable. Claire Brévaille n'était pas, et ne serait jamais, femme à admettre ce jeu. Son temps de liberté, de quelle liberté s'agissait-il, elle ne l'employait qu'à elle-même. Elle était son propre emploi du temps. Elle se dit, en marchant, les vitrines ne la distrayaient même plus, qu'il y avait peut-être honneur et faveur dans la soumission, ce que Francis, citant Rabelais, appelait les « activités mulièbres ». C'était peut-être ça la leçon des trois jours. Ou bien alors la rupture.

ONZE

Au Père Tranquille, Claire Brévaille arriva avec une heure d'avance. Elle avait fait le chemin à pied, traversé la Seine en empruntant le pont des Arts, refait à neuf, avec petites pergolas façon treillis de jardin et bacs de fleurs. Il avait plu à ce moment-là, une pluie fine dont elle savait qu'elle ne durerait pas longtemps et qu'elle avait accueillie comme un brin de fraîcheur quand les touristes brandissaient déjà leurs parapluies. Ce n'était plus le pont des Arts, vétuste, rouillé et peu fréquenté qu'elle avait connu avec Pierre quand ils quittaient le « tric » et le bistrot de la rue de Seine pour passer un temps ensemble et se faire des promesses, « ce pont qui va de nulle part et qui conduit nulle part », ironisait Pierre, bien que celui-ci reliât l'Institut des académies à la cour Carrée du Louvre, « le néant des dictionnaires à une place vide fermée le soir par de hautes grilles », ajoutait-il en prenant Claire dans ses bras afin de l'embrasser sur le front, sur le nez, sur le menton, sur les lèvres, baiser échangé. Elle le tenait par la nuque, main gauche dans les cheveux blonds et bouclés, longs, car Pierre se donnait l'air artiste. La Seine coulait, sale, émeraude. Parfois une péniche passait et il y avait de beaux couchers de soleil du côté de la tour Eiffel. « Regarde, disait Pierre en pointant du doigt l'ouest, nous sommes au cœur de la capitale d'un monde qui ne sait même plus saluer sa fin. » Ils s'aimaient. Il faudrait en pareille circonstance pouvoir se dire qu'on n'oubliera jamais ces brefs instants d'exaltation et de partage. Claire Brévaille regardait souvent sa montre de peur d'être en retard rue Louise-Croisé, pour le repas du soir. « Je comprends ton inquiétude, avait dit Pierre, je te désire encore plus inquiète que tu n'es, c'est chacun pour soi, je ne sais vraiment pas si j'aurai la force d'être deux. Je suis né absent, tout m'effare, il faut que tu le saches. » Plus Pierre prévenait Claire, plus Claire se sentait liée par autant de confidences qu'elle prenait pour des serments. A tout cela elle avait pensé en traversant à nouveau le pont des Arts, refait, clinquant, l'air oublieux. Le serveur du Père Tranquille avait tardé à prendre la commande d'un panaché bien frais. Ce n'était que tant mieux pour tuer le temps d'avance. Il y avait peu de clients en terrasse par peur de la pluie. Le ciel était uniforme, cotonneux, une flanelle grise, comme les costumes de Francis quand il se rendait à son bureau pour vendre des assurances vie. La table choisie était bien en vue. Il y avait à nouveau manifestation devant le commissariat voisin et des pancartes brandies sur lesquelles Claire Brévaille pouvait lire, *nos enfants c'est nous, bavure inacceptable, le danger moral c'est vous, rendez-les-nous.* Les passants passaient, la foule du métro et du R.E.R., les habitués du Forum, la faune, tous indifférents. Sur la table, le paquet-cadeau, pourquoi une troisième cravate? Claire Brévaille vérifia si les clefs étaient toujours dans son sac. Plus elle pensait à Pierre, moins elle souhaitait que l'homme vînt au rendez-vous, le panaché était amer.

La Capte les avait séduits parce que le moulin avait été construit à même le rocher et, au rez-de-chaussée de la maison, le contact direct avec le sol de calcaire cabossé, inégal, lissé par les pas, leur avait parlé. Aussi, pieds nus, Pierre comme elle et les enfants, Margot disait « c'est tout doux ». Martial et Marc parfois s'y allongeaient à plat ventre, chacun y trouvait de l'énergie, un sens premier, une sensualité brute. Sous la table de la terrasse du Père Tranquille, Claire Brévaille venait de retirer ses chaussures neuves, parce qu'elle avait trop marché, certainement, surtout parce qu'elle se trouvait à ce point de non-retour quand on ne peut ni ne veut plus écarter les souvenirs, brusquement conscient de leur force d'avenir. Les trois jours ne seraient ni d'inspection ni d'inventaire. Pour Claire Brévaille, il y allait de l'emploi d'elle-même, comme si elle s'était mise à lire sa propre histoire. Pieds nus, les pavés de Paris étaient frigides et ne parlaient pas.

En passant devant l'ancien théâtre du Châtelet, d'où étaient retransmis les concerts du dimanche soir de l'Orchestre Colonne et où Francis et Cléa l'avaient emmenée voir *Annie au Far-West* avec une certaine Annie Flore, rien à voir avec Aziza, un train entrait en scène au finale, il s'agissait d'une récompense pour « notre fille qui a eu les encouragements au bulletin trimestriel », Claire Brévaille s'était arrêtée aux guichets du nouveau Théâtre musical de Paris et avait pris deux places d'orchestre pour le concert du soir, sans même regarder le programme. L'idée d'assister à un concert, pour de vrai, en direct, avec quelqu'un, avait suffi. Là, sa carte de crédit avait été acceptée. « Vous oubliez votre paquet, madame. » Le paquet-cadeau était resté sur le comptoir du guichet. Il y avait foule pour faire la queue, une foule sage et convenue, si peu celle qui manifestait devant le commissariat, flanquée de photographes avides de clichés sensationnels, et pourtant la même. Elle eut froid aux pieds, remit ses chaussures, commanda un second panaché « très léger s'il vous plaît », encore trente-cinq minutes. Elle demandait de tout son corps que l'homme ne vînt pas et, cependant, tenace, rivée au rendez-vous, elle attendait.

Flouée, bafouée à la manière quotidienne et ordinaire, dévouée, fidèle, mère qui n'avait à se reprocher que des rêves ensevelis, femme qui n'avait jamais été séduite par les discours féministes si souvent tenus par des écorchées, des ignorantes ou des rancunières, Claire Brévaille eût souhaité, si cela avait été possible, retrouver en elle la petite fille rêveuse, l'adolescente orageuse, la jeune femme un peu gourde et désirante. Un homme, pour une nuit, lui avait rendu son corps. Elle l'attendait. Le match de rugby était terminé. La France avait perdu « sur son terrain ». Le serveur du Père Tranquille avait l'air abattu par la nouvelle, des renforts de police avaient dispersé à la manière vaguement courtoise les manifestants du devant du commissariat voisin, à une table derrière elle un monsieur avait dit à sa dame « ces gauchistes se croient encore tout permis, ils vont voir ce qu'ils vont voir », la dame avait demandé « quoi ? », le monsieur avait répondu « tais-toi, tu ne comprends rien », Claire avait pensé que Pierre était en train de prévenir la gendarmerie. Avec lui, il y avait peut-être Martial et Lou, Margot sans Grégor, ou Marc sans Jean-Baptiste. Claire Brévaille se sentit petite, menue et vulnérable. Il lui fallait pourtant tenir à son projet, tenir jusqu'au dimanche soir, tenir pour se dire. D'un geste maladroit, en posant son verre elle fit tomber le paquet-cadeau par terre, le ramassa, l'essuya, lui refit une beauté, après tout l'homme viendrait peut-être et elle ferait comme si. Francis disait « il ne faut jamais visiter des champs de ruines deux fois ». Où avait-il lu ça? Il aimait les récits des voyages lointains. Il avait vu Chandernagor.

Claire s'avoua qu'elle était ni plus ni moins qu'en train de se re-raconter l'histoire du Gros Méchant Loup. Elle eût aimé alors pouvoir se lever, monter sur sa chaise, gueuler sa vie avec humour, si elle n'avait pas senti au plus profond de son ventre un creux, la grande caverne avait été habitée par trois fois, la naissance de Marc avait été particulièrement difficile. Elle se sentait griffée de l'intérieur comme si ses petits, devenus grands, autre conte pour enfants que l'on se garde bien de raconter pour de vrai, avaient fait leurs ongles en elle avant de saluer le monde. Ainsi visitait-on une grotte à l'autre extrémité des gorges de la Tarasque et le guide avait-il l'habitude de répéter, en tenant une torche électrique, que ça faisait « des milliers et des milliers d'années », que notre Histoire n'était « rien en regard de ces rochers » et que, précisait-il, il parlait sans doute de sa vie propre et cela faisait sourire, « cela n'a aucune importance parce que, de toutes les façons, c'est toujours la même histoire ». Le guide parlait aussi du « grand architecte de la nature ». Martial, Margot et Marc regardaient leur père avec fierté, Claire suffoquait, allait les attendre à la sortie de la grotte. Marc la rejoignait en premier et, lui prenant la main, lui racontait les choses merveilleuses qu'il n'avait pas vues, un éléphant, des hyènes, un lynx, des boas et « d'immenses crapauds qui, Man, je t'assure, gardaient l'entrée d'autres grottes *infiolées* ». Il disait « *infio-*

lées ». Il ne connaissait pas encore le mot. Il ajoutait « tu me crois, Man? » « Pas du tout. » « Tu es encore plus formid que je pensais. » Marc la déconcertait. Margot s'inquiétait, « tu es pâle, maman ». Pour le retour, Martial prenait les devants avec son père, essayant de marcher aussi bien et aussi vite que lui. Au milieu des gorges, Mercutio les rejoignait et les suivait à distance, c'était son royaume. Marc dirait un jour à sa mère « ces bêtes fabuleuses, je les inventais donc je les voyais. Il m'arrive de les rencontrer dans des rêves. Et si je me souviens de ces rêves, je me dis que tu attends un signe de moi ». Claire Brévaille était de celles que le doute ronge et féconde en permanence. Elle pensa « nous reste-t-il de quoi rêver? » Elle se dit « je meurs des autres ». Elle se donna raison en murmurant à voix haute « cela va sans dire ». Puis elle haussa les épaules pour se moquer d'elle-même. « Tais-toi, je te dis », répétait le monsieur de derrière à sa dame, « et en plus tu insistes! » Claire Brévaille avait froid. Elle se souvint de Francis se moquant de tout ce qui était « mitigé et tiède ». « On respire un grand coup, on croit au bol d'air, on se dit que tout est classé, rangé, répertorié, calmé, on croit que la boucle est bouclée et puis tout recommence. » C'était un de ses classiques favoris et ça, c'était de lui. C'était l'heure. L'homme n'était pas exact au rendez-vous.

Deux mois auparavant, les voisins du dessous, Résidence George-Sand, bâtiment C, troisième étage, avaient invité des amis pour fêter l'achat de leur installation vidéo, bruits de voix, éclats de rire, rien que d'ordinaire, le genre de voisins que l'on salue à l'occasion dans l'escalier, dont on se demande bien « ce qu'ils font dans la vie pour recevoir autant de courrier » et que, surtout, on ne fréquente pas. Pierre et Claire s'étaient retrouvés comme d'habitude au salon, lui de son côté, devant sa télé, elle du sien, lisant un journal ou feuilletant un magazine. Il y avait parfois des regards échangés, un lointain souvenir de fiançailles et de projets d'avenir. Claire attendait que Pierre dise « je vais me coucher ». Elle le suivrait. Or, ce soir-là, ç'avait été l'horreur. Pour cette grande première entre copains, les voisins du dessous avaient branché la cassette d'un film d'aventures, en mettant le son très fort, sans doute « pour y être », « pour s'y croire ». Très vite, furieux, Pierre avait cherché le numéro de téléphone des voisins et les avait appelés pour, après avoir, très ou trop, poliment demandé de baisser le son, s'entendre dire « qu'est-ce que vous voulez, c'est imprévisible ». A cela Pierre n'avait pas su quoi répondre. Il était allé se coucher, Claire l'avait suivi. Au lit, dans la pénombre de la chambre, ils avaient écouté le film, sans le voir, et entendaient très précisément les dialogues. C'était une histoire de Mongols. « Ils arrivent », « les voilà ! », galops de chevaux, bruits de batailles, cris d'hommes transpercés par des flèches ou tombant de hautes murailles. Il y avait une héroïne qui ne croyait pas au bel étranger et son fils orphelin qui, lui, y croyait. Et à nouveau des cavalcades sur fond de musique style flonflon symphonique en stéréo. Pierre avait rallumé la lumière. Les mains croisées derrière la nuque, la tête bien calée dans son oreiller, il s'était mis à répéter, à voix haute et amusée, les dialogues en demandant à Claire si elle avait bien entendu les mêmes mots. Claire un instant avait cru à une possible retrouvaille. Elle aurait tout fait pour que Pierre la prenne dans ses bras. Il était agacé. Il se moquait, c'était tout. Ce fut ainsi jusqu'à la fin du film, après la scène de bataille en apothéose, violons à l'aigu, quand l'héroïne, voix acidulée et plate du doublage, avouait d'un ton nigaud au bel étranger « j'aurais dû croire en toi plus tôt », puis musique des grands espaces, le galop d'un cheval qui s'éloigne, et la voix de l'enfant orphelin, « maman, il est parti ». Pierre avait éteint la lumière. Fin.

DOUZE

CLAIRE BRÉVAILLE consulta sa montre. L'homme avait déjà plus de vingt minutes de retard. Elle eût souhaité être totalement dupe, une dernière chance, et commanda un café serré. C'est avec elle-même qu'elle jouait. Le souvenir du film seulement entendu et pas vu n'était pas revenu par hasard, dans sa mémoire, là, alors qu'elle attendait un autre bel étranger en qui elle ne croyait pas. Elle avait ses deux billets pour le concert. Elle but le café d'un trait. Elle se leva nerveusement. Elle irait se réfugier dans une brasserie, près du théâtre, croquerait un sandwich en buvant un autre café. Elle ne dormirait pas de la nuit. Tant pis pour elle, tant pis pour lui, en quelques pas elle se fondit dans la foule.

Elle avait l'impression de s'être battue partout, sur tous les fronts à chaque instant et de ne s'être battue que pour rien. Ce n'était qu'une enfant gâtée comme la plupart de celles et de ceux qu'elle avait croisés, même Pierre, surtout lorsqu'ils faisaient semblant d'ignorer les privilèges de leurs naissances respectives, fussent-elles modestes, l'un étant toujours un plus ou moins grand petit-bourgeois que l'autre. Claire Brévaille se dit qu'elle était des millions. Elle avait peur de croiser l'homme en retard, courant, souriant, aguicheur. Elle pressa le pas.

Que s'était-il donc passé en elle et en Pierre? Un début de disparition de la concordance entre idées et émotions, idées et sentiments? Pourquoi cela ne *collait-il* plus, et elle répugnait, en pensée, à user de ce verbe, tout comme la pure et simple analyse lui inspirait de l'effroi. D'où venait, effectivement, ce début de rupture d'avec le monde? N'était-ce que la rançon de la gloire du couple, *le revers de la médaille,* autre expression qu'elle n'aimait pas? N'était-il pas temps de crier gare? Ce qui les avait séduits dans La Capte, c'est que la maison était une ruine. Sitôt achevée, vivable, vivante, restaurée, il s'était seulement trouvé que cela avait correspondu à la dislocation de la tribu familiale, l'évasion des enfants, comment leur reprocher de faire ce qu'ils avaient fait eux-mêmes? A plusieurs reprises Claire Brévaille crut voir l'homme et se cacha derrière des passants, paquet-cadeau à la main. Elle se sentait aussi blessée et comblée de ne pas le revoir que le jour où ils avaient quitté La Capte en l'ayant vendue telle quelle, meublée. D'où venait ce goût vivifiant de la rupture et du drame? Elle s'engouffra dans une brasserie, près du théâtre. Sauvée, croyait-elle. Elle y croyait.

Sur la banquette, elle trouva un journal du soir abandonné. Comme d'habitude, elle commença par la dernière page, friande de nouvelles brèves, les seules à lui parler de la vie vraie. Elle lut, *Tchécoslovaquie. Condamnation d'un écrivain. M. Anton Masaryk, écrivain anticonformiste si-*

gnataire de la Charte, le manifeste des dissidents tchécoslovaques, a été condamné hier à deux ans de prison ferme pour « subversion » par un tribunal de Prague. Agé de quarante-six ans, M. Masaryk est accusé d'avoir écrit et diffusé des textes à caractère antinational notamment auprès du personnel de la centrale électrique de Rusik (Bohême centrale) où il était employé. Il avait été arrêté le 7 janvier dernier après une perquisition à son domicile. Claire Brévaille déchira la page, découpa maladroitement la nouvelle brève et la glissa dans son corsage, côté cœur, en se disant « Masaryk, ton malheur est plus grand que le mien, je te dédie les jours que je vis ». Elle se sentit apaisée, moins seule, sa conscience ne serait jamais assez inquiète. Francis lui disait « le texte, c'est du tissu, méfie-toi, il découvre. Méfie-toi encore plus s'il drape. Fuis si l'auteur dit de l'objectivité qu'elle le fait fuir, s'il est contre un roman utilitaire ou s'il prétend rechercher une réalité inconnue, plaçant la forme avant toute chose ». Claire Brévaille aimait les récits et les anecdotes, l'art pour l'art, c'était la mort. D'un geste, pour un petit bout de papier déchiré, placé contre son cœur, elle dénonçait l'idée même de perquisition, elle se sentait en parfait désaccord avec elle-même, donc dans le juste. Elle commanda un sandwich et un autre café serré. Elle cacha le paquet-cadeau dans son sac, n'hésitant plus à froisser l'emballage. Elle dénoua la cravate qu'elle portait autour du cou, la laissa tomber par terre et boutonna son chemisier jusqu'au col. Puis elle vérifia l'heure du concert sur les billets et se dit que Masaryk, ce soir, occuperait l'autre fauteuil. Ils s'offriraient ainsi, sans le savoir, de la compagnie. Le bonheur, ainsi, demeurerait étranger et fraternel. Elle n'aimait pas non plus le mot de bonheur. Le bonheur, c'était après, jamais pendant, et surtout pas un point de mire ou alors un mirage. De bonheur elle ne retenait que le heurt et s'enorgueillissait, sentiment ô combien ordinaire et partagé, de ne jamais pouvoir s'en satisfaire. D'un coup de talon, elle fit disparaître la cravate sous la banquette. Déjà, à l'entrée du théâtre, le public se pressait. Le sandwich était mou, mince la tranche de jambon et pas de beurre. Le café était âcre. Deux bouchées, une gorgée et elle se retrouva sur le trottoir, sac en bandoulière, chemisier strict et billets à la main. Elle se fraya un chemin parmi des jeunes gens qui tendaient des pancartes improvisées, simples bouts de carton sur lesquels elle pouvait lire *cherche une place*, ou *deux places S.V.P.*, elle aurait pu renoncer, revendre ses billets, ou n'en céder qu'un et se trouver à côté d'un inconnu, mais elle se sentait deux, confiante d'être seule, rien ne la réconcilierait jamais, c'était un signe de son temps et il fallait surtout ne pas laisser paraître l'inquiétude. Elle tendit un des deux billets, glissa l'autre dans son corsage avec le petit bout de papier déchiré dans le journal du soir et gravit les marches de cet escalier qu'elle avait trouvé immense et bouleversant le soir de la représentation de l'opérette *Annie au Far-West*. « Tu aurais pu choisir quelque chose de mieux, avait dit Cléa, les gens ne sont même pas bien habillés, j'ai l'air ridicule. » Francis avait regardé sa fille avec fierté, son côté Aziza.

Claire Brévaille acheta le programme et se retrouva dans la salle, autre grotte, décor un peu pâlot, souvenir légèrement désenchanté, veillant bien à ce que personne ne prenne la place voisine, la place d'Anton Masaryk, la place de Rod Llellewyn, la place de l'unique Pierre, la place de Martial s'il l'avait un peu plus aimée, la place de Marc s'il l'avait un peu moins aimée, c'est toujours trop ou trop peu, la place de l'homme qui n'était pas venu au rendez-vous, qu'allait-elle faire de cette cravate rouge, la place de celui qu'elle ne souhaitait pas vraiment afin de demeurer intacte. La salle s'emplit. L'orchestre prit place. Etre là, seule, était déjà un émerveillement en soi. A sa droite, un fauteuil vide. « Vous vous jurez fidélité », « pour le meilleur et pour le pire », elle ferma les yeux. Quand elle les rouvrit, la lumière tomba. Le chef d'orchestre entra en scène, tonnerre d'applaudissements. Elle avait oublié de consulter le programme. « Comme toujours », pensa-t-elle en souriant. Le plaisir serait abstrait.

Il le fut. Un comble. Claire Brévaille n'avait jamais rien vécu d'aussi beau depuis les serments au pont des Arts. La musique, si elle va de nulle part à nulle part, autorise l'abandon. Il y eut en elle tout le pourpre du couchant pour le mouvement lent; le plaisir de pétrir la pâte d'un gâteau pour l'anniversaire de Martial, de Margot ou de Marc; un midi, pour le second mouvement; comme une bousculade de tous ses rêves au troisième; et une apothéose au quatrième, elle reviendrait, une si belle symphonie. Brahms.

Ou alors, le bonheur est un désir qui a trouvé son langage. Claire Brévaille applaudit à tout rompre, c'était une houle dans la caverne, un éclat venu de tous. On a le souffle coupé, on tape dans ses mains avec ferveur. Cette immense rumeur de la salle, c'était aussi de la musique, ruisselante d'abord puis lame de fond, merci collectif et brutal. Il y avait quelque chose de sensuel dans ces applaudissements bientôt scandés, le chef d'orchestre jeune, brun, bouclé, revint et fit signe plusieurs fois à l'orchestre de se lever. C'était la joie sur scène, un beau fracas dans la salle comme si chacun s'était contenu devant tant de justesse dans l'exécution. Les machinistes firent rouler un piano. Claire Brévaille entendit circuler le nom de Bartok.

Elle aimait cette musique âpre, rugueuse, syncopée, son regard était tant fixé sur le pianiste précis, économe de gestes, sans doute avait-il le trac, que sur les violoncelles, ardents à donner une cadence de plus en plus précipitée et grave. Claire Brévaille retrouva le hautbois, distingua les assauts de la flûte et vibra aux attaques des violons presque dissonants. Elle sentait en elle-même, résonances, le contact des archets et s'abandonna au jeune, très jeune soliste en proie à un démon de notes et d'accords en cascades de plus en plus complexes. Claire Brévaille encore une fois retenait son souffle. Il y avait dans ce concerto de Bartok un adieu hurlé, épouvanté par tant de réminiscences, qui prenait l'allure du plus franc des bonjours. Ce fut un triomphe. Le soliste revint saluer plusieurs fois, suivi du chef d'orchestre. La salle voulait un bis. Il joua un impromptu de Schubert dont Francis disait, il en avait sur 78 tours l'interprétation d'Arthur Schnabel, « c'est la seule chose que je voudrais vouloir jouer ». Ce fut l'entracte. Claire Brévaille, stupéfaite, ravie était restée à sa place. Il lui fallait veiller à la place vide. Un jeune homme s'approcha d'elle, « Man, qu'est-ce que tu fais là? » Elle haussa les épaules gentiment. « Et Pa, pourquoi il n'est pas venu? Si j'avais su j'aurais pris sa place. Vous savez tout, il joue bien, hein, Jean-Baptiste? Viens, on va le voir en coulisses. Il m'attend. » « Je préfère rester, embrasse-le de ma part. » « D'accord, à demain soir si on ne se revoit pas, Bruckner, c'est la barbe, tchao, Man, et merci d'être venue. Qui te l'a dit? Margot, je parie. » « Elle est là? » « Non, Grégor c'est le genre rock.

Allez, j'y vais, Jean-Ba doit s'inquiéter. » Ainsi Pierre n'avait pas prévenu les enfants. Et Jean-Baptiste avait de beaux yeux bleus. Elle imagina l'étreinte des mains. Elle conçut leur étreinte pour la première fois.

Elle ne fut que plus attentive en seconde partie du concert, non par réaction contre le jugement de son fils, le dernier, celui, césarienne, dont la naissance avait été plus douloureuse, mais par émotions multiples, l'entrevue de l'autre personne d'un couple somme toute indifférent puisque dans le regard de Marc il y avait du sentiment à une apogée, la stupéfaction également de l'état de peu d'alerte dans la famille, le plaisir enfin de cette quatrième symphonie de Bruckner, drue, compacte, sensuelle à l'extrême, lancinante, interminable comme une pensée qui se replie et commence, recommence sur elle-même, de la musique qui s'enroule, se noue, ne se déroule et ne se dénoue jamais, rien de spectaculaire. On ne jouait pas Bruckner du temps des Concerts Colonne. Ce n'était pas assez populaire. Francis avait dit à sa fille, tel l'oracle, « celui-là, tu le découvriras bien un jour et ce sera toujours trop tôt ». Il avait ajouté en bouclant de l'index les mèches des longs cheveux de la petite fille unique Claire « car s'il te touche, s'il t'émeut, c'est que ta souffrance sera grande ». Claire Brévaille posa sa main droite sur le fauteuil vide, tout en elle palpitait, elle existait, enfin.

TREIZE

PUIS il y eut le scherzo, romantisme en clair-obscur, éclats de lumière vive et le finale, plus lent, endolori, triomphant sous la manière éclatante, rare densité de son qui eût pu faire croire à de la douleur, du touffu. Tout l'orchestre participait. Le son, au vécu, direct, tenaillait Claire Brévaille. Elle souffrait donc, et il s'agissait d'un don. La quête du finale de cette symphonie était hésitante. Cela allait, par la force intègre de l'inspiration quand elle ne subit pas de dictée, s'inachever. Il y eut pourtant une fin à cette symphonie dite *romantique* et le public, un peu lassé, « la barbe », avait dit Marc, salua l'exécution de l'œuvre avec moins de vivacité, de manière pataude, une délivrance pour ensuite faire une ovation à cet orchestre dans lequel chaque musicien avait joué en soliste et au chef d'orchestre jeune, si jeune, qui avait pris le temps de la répétition et de l'amour. La lumière revint. Il y avait encore de la claque au paradis. Claire Brévaille consulta le programme. L'orchestre venait de Birmingham. C'était son premier concert public sur le Continent. Le chef d'orchestre s'appelait Simon Rattle, sur la photo il était moins beau qu'au naturel. Francis disait certains soirs, l'air un peu fâché, en éteignant la T.S.F., « dans ce pays, ils jouent de plus en plus comme des fonctionnaires ». Claire Brévaille quitta le théâtre, titubant un peu, effet d'une soirée inespérée. Elle se disait que le doigté de Jean-Baptiste, c'était un peu de Marc, et un peu d'elle-même.

Ainsi Pierre n'avait pas prévenu les enfants. Claire Brévaille songea d'abord à un inexcusable orgueil et elle se figura, en controverse, beaucoup plus qu'une simple contrepartie car ça se chamaillait en elle, une expression de pure et simple fidélité, une preuve de confiance puisqu'elle avait écrit qu'elle reviendrait. L'alliance manquait à son doigt et l'étourderie de dernier instant, la veille, pouvait prendre de l'importance, jouer contre elle alors que c'était tout sauf un jeu. Elle entra dans la même brasserie. Elle avait soif. Elle voulait y voir net. Elle reprit la même place, sur la même banquette et retrouva la cravate abandonnée, la roula soigneusement entre ses doigts, la glissa dans son sac, en vrac avec le paquet-cadeau, commanda une menthe à l'eau et alors seulement remarqua que ses voisins de table n'étaient autres que ses voisins du concert, le vieux couple d'au-delà le fauteuil d'Anton Masaryk. Le monsieur lui dit « beau concert n'est-ce pas? Vous connaissiez le soliste? » Elle aurait voulu pouvoir répondre « c'était mon fils » et s'entendre dire « comme vous avez de la chance ». Il y avait un peu de ça. Elle adressa seulement un sourire à ses voisins. La dame se jeta sur une glace marbrée chocolat-café, dégoulinante de chantilly. Le monsieur dit encore « ma femme n'aime pas Bruckner, en revanche elle aime les glaces ». Claire Brévaille coupa court en regardant devant elle, elle ne voulait parler qu'à elle-même.

Claire Brévaille se dit qu'il n'y avait pas de porte-parole, que chaque être humain était porteur de parole, plus ou moins maté, objet de perquisitions, suspect en puissance et que rien ne ressemblait plus à un emprisonnement effectif qu'un silence affectif, surtout lorsqu'il était preuve d'attachement « pour le meilleur et pour le pire ». Comme son mariage avait été triste, un vendredi pluvieux, tard dans l'après-midi, à la mairie du neuvième arrondissement. Les parents de l'un, les parents de l'autre, Donadieu et Survin encore célibataires avaient servi de témoins, deux et deux quatre et deux six et deux huit, c'est tout. Donadieu avait plaisanté « l'officier de mairie s'est trompé, il aurait dû dire pour le meilleur et le meilleur ». Survin avait répondu « déjà entendu, tu donnes dans le papier remâché ». Pierre s'était tu. Claire Brévaille glissa la main dans son corsage, fit une boulette du bout de papier concernant Anton Masaryk, l'envoya en l'air en pensant « Anton mon frère » et ne vit pas où elle retomba. Pierre n'avait prévenu personne. Parce qu'il l'aimait, elle. Parce qu'ils s'aimaient, eux, redevenus deux, deux fois un. Elle prit le verre de menthe à l'eau à deux mains, coudes sur la table. Elle regarda fondre le glaçon. Elle avait les doigts brûlants.

Elle aurait voulu pouvoir pleurer. Cela aussi était interdit et suspect. Les Donadieu avaient cessé de rendre visite à Antoinette. Marie-Ange avait dit, devant Ludovic qui venait d'annoncer qu'elle était perdue, « le meilleur service qu'on puisse lui rendre, c'est de ne pas l'assister et de la confronter à la maladie ». Elle lisait trop de manuels de psychologie, se targuait de toutes sortes de théories. Elle se blindait peut-être pour justifier sa fuite avec un autre. Quelle heure était-il à Vancouver à ce moment-là ? Que faisait Frédéric avec sa seconde épouse, les flopées de gosses, de poules et de lapins sans oublier les lopins de vigne et la récolte du vin certifié non traité ? Ainsi allait le monde, cahin, caha, sans plus aucun trait à union entre cahin et caha. A défaut de pouvoir pleurer, Claire Brévaille se mit à rire, nerveusement et pour de bon. Ses voisins de table la regardèrent, surpris. Ils payèrent et s'en allèrent vite. La dame n'avait même pas eu le temps de s'essuyer les lèvres.

On ne badine pas avec la tristesse. Encore moins avec l'humour. On l'écarte, on se perd dans la ville, on se remémore, on se remet en selle et au galop, fouette cocher, on prend le risque de la petite mort solitaire, la rongeante, la laminante, la subtile, l'enjôleuse. Claire Brévaille aurait voulu pouvoir se dire qu'elle jouait à qui perd gagne, ce n'était même pas ça. Elle rentra à pied à l'hôtel, un peu distraite aux passages cloutés, habitée par des rêves inachevés qui la comblaient, la nommaient, lui donnaient une identité. Aussi, absente, décidée, fascinée par l'exploit des retrouvailles avec Marc, se perdit-elle. Elle se retrouva derrière l'Opéra, du côté des Grands-Magasins. Elle entendit des sirènes de voitures de police se multiplier. A un carrefour, il y avait attroupement et déjà des journalistes. « Circulez, bande de connards », dit un gradé de la force de l'ordre. Elle reprit le chemin de l'hôtel. Tout virait à la violence, de part et d'autre, qui témoignerait ?

« Vous venez de là-bas, madame ? Le problème, c'est pas qu'ils tirent sans sommation et tuent. On les laisse se balader avec des armes qui tuent. L'arsenal est dans la rue. » Claire Brévaille regarda le vieux portier de l'hôtel sans rien dire. Ne devient-on pas l'otage d'une confidence immédiatement ? Pourquoi se confiait-il à elle précisément ? « Vous êtes pâle, qu'avez-vous vu, dites-moi. » « Rien, mais il y aura des témoins. » Le portier dit à mi-voix « C'est comme ça que commencent les sales pages de l'Histoire, de bavure en bavure, comme ils disent ». Claire Brévaille coupa net, prit les clefs de sa chambre, dit « bonsoir », « merci » et s'engouffra dans l'ascenseur. L'hôtel n'avait pour elle plus aucun charme, du désuet façon riche, de l'impersonnel flatteur. Elle se souvint à nouveau de Francis parlant des « champs de ruines ». Elle se dit des choses capitales comme « il faut se décentraliser soi-même » ou « il faudrait pouvoir être son propre assistant ». Le centre, le ventre, Paris ? Elle ne succomberait pas à la séduction factice et fardée de ses boulevards et de ses hôtels. Déjà le verbe *succomber* lui parlait d'une morale et elle se cabrait. Elle se livrait tout en vrac, affaire de couloirs et d'épaisse moquette quand on a l'impression de ne pas être là où on devrait être. Dans une composition française, bien avant le bac, il s'agissait des écoles littéraires et de celle qui lui conviendrait le mieux, elle avait écrit *je ne me rattache à aucune école si ce n'est l'école buissonnière.* Elle avait eu une mauvaise note, ses parents avaient été convoqués par le proviseur du lycée qui tenait à les prévenir contre ce qu'il considérait comme un « signe avant-coureur » et une « insolence ». Cléa avait pris des airs souverains et avait même dit « telle que tu es, ma fille, tu ne seras jamais digne du *vous-à-moi* que je porte à mon doigt et que six femmes de ta race ont porté avant moi ». C'était la première fois que Cléa prononçait le mot *race* devant sa fille. Francis, lui, l'avait félicitée en cachette, « tu as de la pertinence et je t'en remercie ». Ils avaient écouté du Ravel à la T.S.F., Francis avait dit « celui-là a toujours su se placer. C'était le roi des chichistes, tout dans le génie de façade, quel brio, et ça pavane encore, écoute-les applaudir ».

Son père et Pierre? Claire Brévaille avait vécu pleinement avec l'un de ce qu'elle avait vécu trop peu de temps avec l'autre. Du jour où Pierre l'avait interpellée « femme » en début de phrase, elle avait cessé d'être la petite fille choyée, l'adolescente fantasque, la jeune fille qui rêvait de Cité radieuse et de famille à son tour. Elle aurait tant voulu mettre au monde d'autres enfants après Marc. Ç'avait été impossible. La naissance de Marc avait marqué un terme aux possibles maternités. Chambre 473. On avait changé les serviettes éponge. Le luxe. Elle prit un bain. Sans mousse. Elle voulait voir son corps. Elle voulait voir son ventre. Le lit avait été préparé. Il y avait une rose et une mandarine sur la table de chevet *avec les compliments de la Direction de l'hôtel.* Elle s'allongea, vêtue de la serviette de bain, mangea la mandarine, quartier par quartier. C'était ça la belle vie? Même les draps avaient été changés. Elle se dit « retour à la case départ ». Le téléphone sonna. Elle décrocha. « Chambre 473? » « Oui... » « Il y a un monsieur dans l'entrée qui vous demande. Désirez-vous lui parler? » « Oui... » La voix du portier devint un peu plus lointaine, « c'est la cabine à droite de la caisse, monsieur ».

« Claire? Tu ne m'as pas attendu? » Elle ne répondit pas. « Tu m'écoutes? Tu es seule? » Elle ne répondit pas mais il l'entendait respirer et son cœur battait à la trahison. « Je peux monter? Tu m'en veux? » L'homme soupira, « j'étais en retard, c'est tout, j'ai besoin de toi, je te veux ». Elle retint son souffle. Claire Brévaille jubilait et se méfiait de tout ce qui *partait* d'un bon sentiment et *arrivait* à une catastrophe. Il y eut un long silence. Ainsi sa fugue, et elle persistait à employer en pensée le mot de fugue de manière musicale, ne faisait-elle que mettre en évidence l'ordinaire et même affectueuse mise à mort de l'une ou de l'autre, par l'entourage, ni vu ni connu, les plus intelligents étant les plus virtuoses à se donner bonne conscience, la rapace bonne conscience, cette épuration en soi. Combien de fois, et au premier rang des tendres accusations Pierre, l'époux, et Margot également plus souvent, Claire s'était-elle entendue dire « tu es inapprochable » ou « on ne peut rien te dire », la belle excuse pour ceux qui se sentaient coupables d'eux-mêmes. Ainsi, et pas seulement pour combler la vide de ses journées à la Résidence George-Sand, Claire Brévaille n'avait jamais laissé de courrier en souffrance. Il fallait répondre le jour même. C'était également le cas des factures. Depuis toujours, elle payait tout, tout de suite, par besoin de savoir combien il restait, par nécessité et bonheur de gérer le ménage autant que de mesurer son chemin de vie, ce qui avait été parcouru, ce qui demeurait à parcourir. L'homme dit « tu m'écoutes, je le sais, et tu veux que je monte ». Elle murmura « oui ».

Elle cacha le paquet-cadeau dans le placard, remit la cravate, bien à plat sur le fauteuil devant la coiffeuse. Elle devait faire vite. Quand cesserait-elle d'être sa propre victime et proie ? On ne peut donc compter sur personne ? Antoinette sur son lit d'hôpital avait dit à plusieurs reprises en parlant de Ludovic « il était l'âme de mon corps ». Elle parlait déjà à l'imparfait. Et puis « pourquoi es-tu la seule à me rendre visite ? Parlons-en. De qui ont-ils peur ? D'eux-mêmes ? » Claire Brévaille ne trouvait pas les mots d'une possible réponse. Alors elle se mettait à faire la lecture, l'air un peu guilleret, trahissant son émotion par trop de diction, inventant des excuses pour les autres si Antoinette insistait. Elle cacha également son sac, sous le lit, et se drapa dans la serviette de bain. Tout dans son esprit fusait. Ainsi dirait-on d'elle qu'elle excellait dans l'art de créer son propre malheur. Mais n'était-ce pas un lieu commun, un lien, la marque du plus grand nombre, celles et ceux, tenus, contenus, muets, qui croient trop à la vie? Elle eut même le temps de se dire que ce trop était de trop. Croire à la vie, c'était déjà trop demander. L'homme revenait. Elle avait besoin de lui. C'était finalement très bien ainsi. Elle imagina Martial écoutant palpiter le ventre de Lou, comme Pierre, pour sa première grossesse, avait collé l'oreille sur son ventre en disant « il est là », « pourquoi *il* mon Pierrot lunaire, c'est peut-être *elle*? » Elle se figura l'étreinte de Grégor et de Margot qui déjà se posait des questions, hésitait, flamboyait et virevoltait, désenchantée, telle mère telle fille. C'est elle qui hériterait du *vous-à-moi* et ainsi de suite. Elle se régala à l'idée que Marc pouvait être en train d'embrasser les mains de Jean-Baptiste, de lui lécher les doigts ou de placer son visage entre les deux paumes, autre berceau. L'homme frappa à la porte. Elle le fit entrer. Il éteignit la lumière, dénoua la serviette de bain, murmura « Claire » et l'embrassa. Il était donc sincère?

QUATORZE

AMOURS périssables, une fois oui, l'ébahissement, deux fois peut-être, la curiosité du corps de l'autre question de géographie, amours sans suite, on y croit déjà moins le second soir que le premier, les gestes s'ordonnent et c'est déjà un peu la fin, une passade, l'estocade, rien. Il l'appelait « Claire », Claire ceci, Claire cela, « Claire tu... », « Claire je... », elle ne l'écoutait pas, elle n'était pas dupe, elle refusait un plaisir tout en s'y livrant totalement, elle ne nommerait pas l'homme par son prénom. C'était « l'homme », un homme, le passage de son histoire. La cravate qu'il avait achetée était rouge vif, presque la même que celle qui se trouvait dans le paquet-cadeau, le genre anglais agressif pour ceux qui veulent signaler leur élégance de manière aguicheuse, le genre méditerranéen somme toute, quand on rêve de fortunes en toc et de palais immaculément blancs. C'est à ce rêve, parti du jeu des cravates, que Claire Brevaille s'abandonna ainsi qu'à l'idée de dernière fois, un adieu au sexe et sa célébration. Elle tentait continuellement de lui échapper, de se détacher de lui, pour qu'il la reprenne, tel un bien de plus en plus précieux, alors qu'elle avait de moins en moins confiance en elle-même. Claire Brévaille se mit à le mordre et leurs baisers, trop mouillés, prirent des allures de crachats. L'homme se sentant l'égal d'elle-même, cela le rendait fou, hargneux jusque dans ses fougues, encore plus précis et violent dans ses attaques. Pour ce qu'elle imaginait être une dernière fois, Claire Brévaille fit front et l'homme agacé devint encore plus effectif. Tout se passait comme si Claire l'avait défié. Il y eut très vite un beau désordre dans la chambre, un air de bataille dans ces retrouvailles et cette ardeur à l'ouvrage des corps qui n'est que le présage de l'adieu et d'ultimes confidences. Or il ne se passait pas de fraction de seconde sans que, dans le plaisir partagé, Claire Brévaille s'inquiétât des raisons profondes qui poussaient l'homme à la trouver séduisante et à la combler, jeux d'ombres, premier round. « Qu'as-tu ce soir, Claire? Je vais prendre une douche. » Elle voulut le suivre, « non, seul ». Elle ouvrit la fenêtre et s'accouda pour respirer un peu, il pleuvait sur le patio, c'était bon pour les plantes vertes. La cour, vue d'en haut, fauteuils renversés sur les tables, avait l'air sage. Aux fenêtres des autres chambres tous les rideaux étaient tirés. D'autres histoires ou absences d'histoires se tramaient dans l'habitude ou dans la révolte. L'habitude ne pouvait-elle pas aussi devenir une révolte? L'homme tout mouillé vint la cueillir à la fenêtre en l'embrassant dans le cou, « viens, Claire, sois douce, laisse-toi faire ». C'était comme dans un conte. Seulement il n'y avait plus mille et une nuits. Comment ferait-elle pour se débarrasser de lui? Il faudrait libérer la chambre avant midi.

« Femme, qu'est-ce qui te prend, tu as l'air d'une lionne? » avait dit Pierre l'avant-veille du départ de La Capte. Ils avaient vendu la maison meublée, il avait fallu organiser un déménagement pour les objets personnels, le linge, une incroyable accumulation de vêtements d'été et surtout des assiettes, des verres, des sets de table à fleurs, des nappes brodées rapportées de Buenos Aires, un service de pousse-rapière en argent qui venait des bords de la Jabeuse, comme si La Capte avait été le confluent des souvenirs des familles d'origine, des prototypes de chaises que Pierre avait réalisés en sortant des Beaux-Arts, persuadé que le « décoratif » de l'expression consacrée Arts Décoratifs était péjoratif, alors qu'il s'agissait selon lui d'un art majeur, des couettes, des oreillers très doux, des tableaux qui avaient surveillé les premières années de leur vie de couple, des livres des années soixante, devenus rares, une chaîne stéréo et une multitude de cassettes pour les concerts égoïstes du soir « pas si fort, femme », « ils écoutent, mon Pierre, et ce n'est que tant mieux ». Tout cela avait été jeté presque en vrac dans des cartons. Le déménageur, qui n'avait pas précisé s'il prendrait livraison le vendredi matin ou le vendredi après-midi, était arrivé le jeudi en fin de journée, gaillard, frais et dispos avec un acolyte. Claire Brévaille qui songeait à passer une ultime nuit dans la maison intacte et douce comme aux beaux jours, avait dû trier, classer, ranger à la va-vite. Pierre l'avait observée, un peu amusé, ne prêtant la main que pour emballer précautionneusement ses prototypes de meubles qui n'avaient jamais été édités. Il fallait faire si vite, casser le décor. Elle mit la main sur son front. « A quoi penses-tu? lui demanda l'homme, tu as l'air d'une lionne. »

Le lendemain du déménagement, paradoxalement, ç'avait été plus doux. Sans même s'en rendre compte, secret du geste ménager, Claire

Brévaille avait su, au fur et à mesure de l'emballage et avant d'aller se coucher, recréer une harmonie et la maison plus vide s'était montrée encore plus belle comme si elle avait voulu saluer la dernière nuit et un dernier jour, sans aucune tristesse. Les objets aimés, familiers, étaient-ils trop chargés d'histoires, un reproche ? Claire, pour ce départ, s'était sentie radieuse, une nouvelle fois délivrée, la maison lui avait adressé un signe pour lui dire qu'une autre vie pouvait commencer sans peine ou bien la peine viendrait plus tard, le plus tard possible serait toujours trop tôt. Dans la voiture, ils approchaient de la Résidence George-Sand, Pierre lui avait dit « tout de même, femme, j'aurais voulu te sentir plus émue ». Sa voix tremblait un peu, le charme avait été rompu. D'un geste maladroit, Claire Brévaille fit tomber la rose rose sur la table de chevet. Le petit vase de verre se brisa, « verre blanc, ça porte bonheur », pensa-t-elle. Il y eut de l'eau sur la moquette. Elle voulut se lever pour essuyer avec une serviette de bain qui traînait par terre, la serviette de la douche. L'homme la retint par le poignet, « Claire, qu'est-ce qui ne va pas, dis-moi ? » C'était bien là une question de femme, entre femmes. Claire Brévaille se dégagea de l'emprise, épongea l'eau, remit la rose dans un verre à dents, dans la salle de bain. Pour un peu elle aurait giflé l'homme. « Claire, reviens, je t'en prie. »

A l'hôpital, Antoinette disait n'écouter que les bruits de pas dans les couloirs. « Clic, clac, clic, clac, ils ont bien de l'assurance ceux qui viennent rendre visite à ceux qui sont cloués dans leurs lits, les femmes surtout avec leurs talons hauts, ou leurs trottins. Ils sont tous pressés de repartir. La nuit les infirmières prennent le relais. Certaines ont même des sabots. Si j'ai le malheur de les appeler, dix fois, vingt fois, la vingt et unième, l'une ou l'autre se déplace, grondeuse, et me dit, madame Survin, il y en a d'autres qui souffrent plus que vous dans les autres chambres. Le tour est joué. Si je te disais que je reconnais le pas de Ludovic dès qu'il sort de l'ascenseur et il est long le couloir, n'est-ce pas ? » Aussi Claire Brévaille s'était-elle toujours approchée de la chambre d'Antoinette sur la pointe des pieds et s'était-elle employée à quotidiennement la conduire à la salle de bain, la soutenant d'une main par la taille et de l'autre tirant l'arbre de Noël des bocaux de perfusion. « Claire, reviens, je t'en prie. »

Elle se regarda dans le miroir, mains à plat dans le lavabo, et se dit « je suis en train de me détruire ». Elle le rejoignit. Elle était avec cet homme, justement, oui justement, pour qu'elle cesse de se détruire. Elle pensa qu'elle pensait trop et l'homme la vit, dans l'ombre, à nouveau allongée, sourire, dans ses bras, « je te préfère ainsi ». Elle se laissa faire puis participa. Elle ne s'était jamais sentie aussi proche des siens. Ce fut presque joyeux, la joie de l'ébat.

QUINZE

CE fut l'apaisement, l'un et l'autre allongés tels deux gisants. Au début, ils s'étaient tenus main dans la main sur le drap pour signaler encore la réunion. Le sommeil n'avait pas ouvert sa trappe. Chacun avait croisé ses mains sur le ventre, fixait le plafond de la chambre sans rien dire, si tard le soir, si tôt le matin. Une lueur se fit dans la cour. Le jour se levait. Claire Brévaille entendit des voix dans le patio, on remettait en place les fauteuils, on dressait les tables pour le petit déjeuner, on recréait le décor pour la journée. Claire Brévaille entendait l'homme respirer, il avait quelque chose à lui demander. Cela s'écoutait à la respiration légèrement précipitée et au silence que tout dissipait. Dans cette chambre en désordre, leurs corps étaient bien trop parallèles, le premier qui dirait un mot serait perdu. Claire Brévaille décida que ce serait l'homme. Elle aimait encore Pierre pour tout ce qu'il n'avait pas livré de lui et qu'il ne donnerait peut-être jamais.

Cet état lascif et sanctionné d'après l'étreinte.

Claire Brévaille l'avait connu avec Rod Llellewyn quand d'une voix fantomatique il se mettait à parler de Manchester en fumant une cigarette, il avouait ainsi, sans le savoir, qu'il n'avait fait l'amour qu'avec lui-même, la parole mettait en relief l'étrange coupure d'après ce qui n'avait été que le mirage d'un instant. Cléa pour toute éducation sexuelle avait dit à Claire « tu verras ce que l'on peut faire de fou pour cet acte-là, alors que tout de suite après chacun reprend ses billes, ça se carambole dans la tête ». Bien sûr, Cléa avait aussi parlé des précautions à prendre et de méfiance à l'égard des hommes, mais il y avait eu une telle lueur dans son regard quand elle avait parlé de Buenos Aires et de sa rencontre avec un certain officier de marine que Claire avait trouvé de l'enchantement dans les aveux accusateurs de sa mère. Pierre, lui, après l'étreinte, caressait du bout du doigt, disait des choses trop douces pour être douces, il gazouillait. Claire s'était souvent imaginé qu'il rêvait alors de baignades dans la Jabeuse ou de pêche au gardon. L'homme faillit s'assoupir puis il ouvrit les yeux à nouveau, se tournant légèrement vers Claire, et murmura « j'ai quelque chose à te demander ». Perdu. Claire avait gagné.

Retour de vacances, quand ils étaient tous les cinq dans la voiture, Martial devant, à côté de son père, et elle derrière d'un côté, Margot de l'autre et Marc entre les deux, Marc inlassablement comptait les voitures croisées de un à mille, puis de un à mille et à nouveau de un à mille en ne disant à voix tout juste haute pour que seule Claire l'entende que les chiffres qui se terminaient par treize, soixante-treize, quatre-vingt-treize, cent treize, cent soixante-treize et ainsi de suite. Il comptait les milliers sur les doigts de ses mains. Passé dix mille, il avait gagné, il s'endormait. Les enfants gagnent quoi à ces jeux? Claire, sans le lui dire, s'était souvent mise à calculer avec lui. « Vroom », « vroom », « vroom », ça faisait trois, quatre, cinq. Ainsi avait-elle découvert que Marc ne comptait pas les motos, acceptait les side-cars pour un et certains camions-remorques pour deux. Les voitures avec caravane, c'était un. Petit à petit elle avait appris les règles du jeu secret. Margot regardait le paysage, rivée de l'autre côté. Elle en voulait à sa mère. De quoi? Pourquoi? Un besoin de se nommer à son tour? Martial se tenait droit comme un clocher. Pierre conduisait vite, et souvent pour un dépassement en côte, sans visibilité, Claire se retenait de lui en faire la remarque. Conduire le rendait maussade, à l'aller, insupportables vacances auxquelles il ne s'abandonnerait pas, ainsi qu'au retour, vie professionnelle considérée en échec. Pourtant, une famille réunie dans une voiture, c'est beau, c'est fragile, c'est un ventre de fer. Marc comptait. Chambre 473. « Tu m'écoutes, Claire? »

Antoinette confiait volontiers, ç'avait été une idée fixe, elle interrompait la lecture du roman et disait, à la fin d'un chapitre, à la veille de l'autre, comme si l'action réelle n'avait eu que l'importance de la distraction, « le pire eût été de perdre un enfant. Je n'ai pas pu en avoir. Tiens-toi aux tiens, ils te tiendront, quoi qu'ils fassent. Ils ont de beaux regards. Moi, je ne suis que peau morte. Si au moins on pouvait m'endormir ». Son visage n'avait que la taille d'une tête d'épingle. Elle ne pesait plus que trente-cinq kilos, « que veux-tu que je réponde quand on me dit, vous avez bonne mine aujourd'hui? Cela part d'un bon sentiment et devient pour moi une épreuve supplémentaire ». Ludovic disait, presque en riant, un rire épouvanté, « mon épouse est devenue une pointe Bic ». Peau d'ambre, l'homme n'offrait du rêve qu'à fleur de peau. Il avait des choses à demander? Claire Brévaille se laissa embrasser à nouveau et lui mordit la lèvre. « A qui en veux-tu donc si fort pour me mordre ainsi? » murmura-t-il. « A moi-même », répondit-elle enfin. Et comme elle avait répondu, sorte de jeu, à qui parle perd, il formula sa demande « j'ai besoin que tu m'épouses ».

La première réaction de Claire Brévaille fut de sourire nerveusement. Mais comme l'homme venait de lui dire « tu te moques de moi, tu ne sais même pas pourquoi », elle se calma. Son histoire devenait donc une véritable histoire qu'elle pourrait un jour se raconter, en prenant bien garde de parler d'elle comme d'une autre et des autres comme d'insondables étrangers. Il n'y aurait de cruauté que dans le manque de secours que l'on porte à soi-même et que dans ce goût dont on fait preuve afin d'assister à son propre ensevelissement, sables mouvants, personne pour lancer une corde, au dernier moment, comme dans un film. Le cinéma et la littérature avaient tout gâché en laissant entrevoir des solutions à des problèmes qui n'en auraient jamais, hormis l'étrange foi qui conduisait parfois Pierre à se rendre dans des églises, un espoir en creux, de l'espérance, et la soif d'une rédemption que Claire avait toujours jugée suspecte. L'homme avait une peau d'ambre et des dents d'amandes fraîches, il était à lui seul tant et tant d'effectifs voyages lointains. « Alors c'est oui? dit-il, c'est juste pour être français. Je veux rester dans ce pays. C'est le service que tu peux me rendre. »

Un service? La fougue de ses étreintes avait donc été calculée? « N'encule pas les mouches », disait

Francis. « Ne sois pas grossier devant la petite », lançait Cléa. « Je lui donne des armes, c'est tout, il faut qu'elle sache que c'est chacun pour soi, toujours. » Francis savait se montrer ordinaire avec malice. C'était le lot quotidien de la rue Louise-Croisé. Francis disait que les pantoufles lui donnaient de l'humour, « surtout lorsque ta mère a ses rouleaux sur la tête, où veut-elle me traîner encore et pour quelles représentations ? » Cléa faisait semblant de protéger sa fille lorsqu'elle était directement et affectueusement concernée par les propos de son époux, lorsqu'ils devenaient graveleux. « Je suis déjà mariée », dit Claire Brévaille. L'homme lui pinça gentiment le menton, « tu me mens ». Claire, d'un bond, se leva, ouvrit le placard, fouilla dans son sac, en retira les photos qu'elle avait emportées, revint vers le lit, alluma la lumière de chevet et les tendit à l'homme, « la preuve ! » « Tu as divorcé, dis-moi que tu es libre, que fais-tu dans un hôtel ? » La famille entière était sur le lit, à côté de l'homme, Pierre et elle, Pierre, elle et Margot, Martial, Margot et Marc en rang d'oignons, les cinq réunis avec Mercutio devant La Capte, une promiscuité. Elle ramassa les bouts de verre du vase de la rose, les écorces de la mandarine, alla jeter le tout dans la poubelle de la salle de bains, peau d'ambre et chant lointain, elle fit couler un bain, l'heure avançait pour la séparation.

« C'est fini ? » « Je crois que oui. » « Hier, je n'avais pas de voiture à vendre. J'ai mes papiers à faire régulariser, pour obtenir ma naturalisation, tu comprends ? Il n'y a pas de samedi, pas de dimanche pour cela, on fait la queue et qui va à la chasse perd son tour. Entre voisins on se donne des temps libres mais il ne faut pas partir trop longtemps. Faut que j'y revienne tout à l'heure. Le dimanche surtout on perd son tour. Tu ne me crois pas ? Je ne veux pas retourner là-bas, ce n'est pas mon pays. Je ne pouvais pas t'en parler tout de suite. Je ne te demande pas grand-chose. Tout ça parce que notre mère allait nous mettre au monde là-bas. C'était la loi du père. Elle aimait les voyages, faut croire, nous sommes huit sœurs et frères. » Claire Brévaille l'écoutait. L'histoire de l'homme était vraie. La voix chantait un peu, comme dans le bain, la veille. « Aide-moi, Claire. » « Je ne peux rien faire. » « Donne-moi une raison valable. » « C'est la fête des mères aujourd'hui. Ils m'attendent tous ce soir. Je suis partie trois jours, c'est tout. » « Donc tu es malheureuse? » « Non, je commence à penser à moi, c'est la découverte. » « Ils sont grands tes enfants. » « Justement. » « Tu me mens, Claire, tu peux m'aider. » Claire Brévaille répondit « je ne peux plus rien pour qui que ce soit. Même pas pour moi ». Elle se tut et se nicha dans les bras de l'homme. Elle avait oublié de commander le petit déjeuner. Elle se retourna et décrocha le téléphone. « Comme hier? » demanda-t-elle à l'homme. « Oui, si tu veux, mais le cœur n'y est plus, répondit-il, c'est trop beau. » « C'est trop beau pour moi également », murmura-t-elle et elle fit la commande. « Pour un, madame? » « Non, pour deux. »

Ainsi, les mots étaient meurtriers. Claire Brévaille eût pu se fâcher puisque l'homme avait eu un projet et qu'il s'était servi d'elle mais pas pour un grain de peau, un baiser à l'épaule, un brin d'hésitation dans la voix, on se dit que tout est faux et recommence la sempiternelle romance du maître et de la servante. La même histoire que celle de Pierre? Elle rangea les photos. Le même garçon d'étage apporta la table roulante avec le petit déjeuner, pas un regard en entrant, pas un regard en sortant, si peu de regards croisés, un idéal est-il encore possible ? Claire Brévaille servit le café, prépara les tartines, but son jus d'oranges pressées, pas en boîte, hôtel cinq-étoiles, dernier matin, l'homme la regardait faire, un petit sourire aux lèvres, l'air vaguement dominateur. Pourtant, il était à sa merci. Elle aussi faisait la queue, comme dans un mauvais rêve, pour une identité qu'elle croyait définitive et parfaite, de quoi la protéger à tout jamais alors que de nature même il faut accepter que ça tressaille, que ça soubresaute et que ça se contredise perpétuellement. Elle imagina une fraction de seconde que Pierre n'avait prévenu personne parce qu'il s'était tué mais l'emphase de cette idée lui déplut et, revers cinglant, la raison lui fit penser que Pierre était trop veule et habilement fidèle pour accomplir un tel acte. Elle tendit une tasse de café à l'homme, « tu ne bois pas ? » Elle lui tendit une tartine, « tu ne manges pas, tu ne veux rien ? » « Je t'observe, dit-il, c'était bien ensemble, je me demande lequel de nous deux est le plus menteur. » Alors seulement, il prit son petit déjeuner, assis sur le rebord du lit, « tu sais, Claire, c'est la première fois que je fais cette demande. Tu me crois ? » Elle haussa les épaules, un frisson, une moue, l'air tout doux, « tu te moques de moi ». Elle alla s'accouder à la fenêtre. Le ciel était couvert. Elle s'habillerait comme elle était habillée en sortant de la Résidence George-Sand, l'avant-veille, elle avait des cadeaux pour chacun et même une cravate rouge vif pour Pierre, « femme, tu as délicieusement mauvais goût », dirait-il mais il l'embrasserait sur le front à la manière paternelle. Et si elle était devenue la fille de son époux, une autre Margot, la fille tant attendue quand Marc était né ? Il fallait que cet homme parte le plus vite possible.

Elle se retourna et lui dit « va-t'en ». « Je t'aime

Claire, je n'ai pas menti. » « Je t'aime aussi. Va-t'en. Tes cliques et tes claques, prends une douche si tu veux, si tu t'approches de moi, je crie. » Elle eut un vertige, comme un éblouissement, plaisir tranchant de la rupture. L'homme ne prit pas de douche et s'habilla lentement. Quand il fut prêt, il la regarda, « donne-moi au moins cent francs, je n'ai plus rien ». Elle tira son sac de dessous le lit et lui donna le billet demandé. « Adieu », dit-elle. Il ne répondit pas. C'est elle qui referma la porte derrière lui.

SEIZE

La mémoire, ça va, ça vient, ça insiste, ça prolifère et, si on le veut bien, ça indique, ça fortifie ou alors ça désespère. Claire Brévaille se retrouva seule avec un sentiment de bon débarras où se mêlaient plaisir et regret, quoi de plus normal pour un sentiment, l'un n'allant pas sans l'autre. Ainsi, lorsque les enfants étaient partis pour l'école et Pierre pour le bureau, avait-elle si souvent goûté à ce plaisir-là, quotidien, prégnant et finalement agréable puisqu'il y avait chaque jour promesse de retrouvailles, les corvées n'en auraient que plus de sens. Le bain allait déborder. Elle s'y glissa. L'eau était tiède. Longtemps elle resta, un gant mouillé sur le front, elle aurait voulu chasser une fois pour toutes *les papillons noirs*. Mais ça pullulait dans sa tête. Elle fit des projets insensés. Ainsi devenir la voisine de palier de Marc et de Jean-Baptiste, leur préparer de bons repas, écouter « Jean-Ba » répéter ses concerts, recoudre leurs chaussettes, faire un point à leurs pantalons, guetter les allées et venues, devenir *la mamma* des deux. Elle rêva de conquérir Margot, de gagner la confiance de Lou, de faire un constat définitif mère-fille avec Cléa et de confondre Pierre. Elle se surprit même en train de s'adresser à voix haute à Pierre, toutes ses phrases commençaient par « ce n'est pas un reproche, mais... », mais tu ceci, mais tu cela, et cela ne servait à rien, chacun aimant l'autre à sa manière. C'était dimanche, fête des mères. Elle sortit du bain et se frotta vivement le corps, de haut en bas, et les pieds, entre les doigts de pieds. Quel plaisir d'avoir pour cela, à chaque fois, une serviette sèche et propre. En trois jours, elle avait presque dépensé tout l'argent de l'été. Elle haussa les épaules, pensa à Sylvie, murmura « pauvre poupée » et, prise de fringale, mangea tout ce qui était resté sur la table du petit déjeuner, but le café froid, gratta le fond de chaque petit pot de confiture, croqua un à un tous les sucres. Il y avait aussi la facture du dentiste qu'elle devait payer depuis janvier et les cent francs à l'homme, vilain bruit du billet quand il l'avait froissé distraitement dans la poche de sa veste. Elle poussa la table du petit déjeuner dans le couloir et, même geste que la veille, suspendit la pancarte *do not disturb, ne pas déranger* à l'extérieur. Il lui restait trois heures à jouir de sa solitude, dans cette chambre. Elle était ivre de détails.

Elle entreprit d'abord de refaire son sac avec tous les cadeaux, soigneusement placés, bien à plat. Pierre disait, lorsqu'il partait en déplacement, « femme, tu es la reine des valises, tu mettrais un éléphant dans une boîte d'allumettes ». Pierre avait aussi un certain humour. Lorsque Marie-Ange Donadieu avait cessé de fumer et pris dix bons kilos en quelques mois, il avait dit « ce n'est plus un jupe plissée qu'elle portait ce soir, mais un fourreau ». Tous deux avaient été pris de fou rire. Sur les photos, aussi, ils étaient toujours rayonnants. Parce que les enfants étaient là, auprès d'eux. En revanche, il n'y avait jamais eu un troisième pour les photographier quand ils étaient fiancés, au beau temps des promesses et des projets. Donadieu disait de Claire « c'est une gourde » et Survin, sans doute un peu jaloux, affirmait « c'est un pot de colle ». Pierre pour ce temps de découverte et de mesure avait été sincère. Il y avait eu, alors, entre eux deux, de l'émoi et de la confidence. Les photos du mariage, elles, avaient été déplorables. La mère de Pierre fuyait la mère de Claire et prenait des airs d'au-delà, brave tenancière d'un secret flagrant et raciste. Le père de Pierre avait l'air d'un barreau de chaise. Donadieu et Survin faisaient les pitres. Seul Francis avait eu le regard clair, un brin ténébreux. Les jeunes époux se tenaient la main de manière maladroite et visiblement, en noir et blanc, tirage mat, les baisers échangés avaient été de commande. Claire Brévaille cacha les photos emportées pour l'escapade, les photos qui avaient jonché le lit, devant l'homme, servant de preuve, dans l'autre chemisier neuf, dépense inutile, « de l'utilité du futile », pensa-t-elle. Quand elle ouvrirait le sac, ils ne devaient pas voir qu'elle était partie avec leurs images, comme une piété. Les photos, elles, sont sans pitié et Claire Brévaille s'était toujours dit que si elles témoignaient d'instants de vie elles n'en signifiaient pas moins un arrêt, un instantané, brusque, une mort. Elle eut du mal à fermer le sac, elle avait trop acheté de cadeaux, elle le soupesa. Comment ferait-elle pour le porter toute la journée ? Où irait-elle ?

Claire Brévaille avait fait partie d'une chorale pour échapper à ses parents et pour faire plaisir à Francis, alors qu'elle n'avait pas de voix. Elle avait chanté juste pour le recrutement. Elle pouvait le faire, dans l'instant, très vite sa voix déraillait et donnait dans le faux. Francis disait « tu es la Brévaille qui déraille ». Elle avait donc pu se faire inscrire. Après, noyée au milieu des autres, si le maître de chorale la regardait, elle poussait la note exacte, s'il surveillait les autres et écoutait l'ensemble, elle se contentait d'ouvrir la bouche. « Où vas-tu encore ? » demandait Cléa. « Je vais à une répétition », répondait Claire. Une fois c'était vrai, l'autre pas, une fois sur deux, en gros, ainsi Claire vivait ou commençait à vivre sa vie et Francis affichait un sourire comblé et complice. La chorale avait été jointe à de nombreuses autres chorales pour une interprétation du *Messie* de Haendel en l'église Saint-Merri, fin avril, il faisait froid. Vue du chœur de l'église, l'assistance était disparate. Claire avait distingué de loin, à l'avant-dernier rang, la robe violette de Cléa et son étole de renard argenté. Francis se tenait à côté d'elle, un peu amusé. Pendant toute l'exécution de l'œuvre, debout, assise, puis à nouveau debout, Claire avait fait semblant de chanter sans chanter, articulations, mouvements de lèvres, la bouche grande ouverte, illusion parfaite, les autres chantaient pour elle. Cléa exultait à la sortie de l'église, frigorifiée, exhibant fourrure et parfum. Francis dira à sa fille dans l'intimité « j'espère que tu en as profité pour découvrir un peu l'autre vie. Mais à certains moments, tu as chanté pour de vrai ». « Oui, Pa, c'était pour toi. »

Dimanche. Le sac est prêt. Claire Brévaille vient de se souvenir du bel ensemble de choristes. Elle n'avait donc pas chanté avec eux. Elle avait fait comme si. Et si sa vie n'avait pas été que comme si ? Après, elle avait été dénoncée par sa voisine de rang, celle de droite, une revêche, et le maître de chorale l'avait renvoyée. Aussi, ensuite, dans sa chambre, mettant la musique très fort, toujours avant le retour de Francis, Cléa intriguée avait même envisagé de consulter un psychologue, s'était-elle, en criant, employée à se casser définitivement la voix, « à l'aggraver », avait-elle dit à Francis en guise d'explication. Francis ce jour-là n'avait pas su quoi répondre. La voix de Claire Brévaille était devenue éraillée. Pierre n'avait jamais cru à cette histoire, « femme, tu inventes, tu es née la voix grave, c'est tout ». Claire se dit qu'elle aurait dû interrompre Pierre la première fois qu'il l'avait nommée « femme ». Elle aurait dû le lui interdire carrément. La première fois, ç'avait été pour un compliment, à La Capte, Claire portait une robe bleu ciel, légère, à nu sur le corps et Pierre lui avait dit « femme, comme tu es belle ». Ainsi donc pour une erreur qui deviendrait horreur et harcèlement, il n'y avait jamais de repère pour un commencement. Petit à petit, le « femme » était devenu maigre, de plus en plus perdu et doux, une habitude, une sobriété, un trait vrillant.

Nue, assise sur le rebord du lit, le sac était prêt, bourré de cadeaux, gonflé d'orgueil, si peu d'amertume, Claire Brévaille tendit le bras vers son autre sac et prit dans son portefeuille cette lettre que Marc, étudiant en journalisme, il venait d'obtenir un stage à la radio, lui avait adressée à La Capte l'été où elle et Pierre avaient décidé de vendre le moulin restauré désormais déserté, famille pulvérisée par la vie, *Paris, le 9 août, chère Man, cela te paraîtra peut-être incongru mais Paris en été, c'est délicieux. Les touristes sont ébahis par la beauté des monuments et le soleil fait même quelques furtives apparitions. En revanche, moi, j'écris plutôt sur la grisaille quotidienne. Les faits divers. De faits d'armes policiers en enlèvements rocambolesques sans délaisser quelques crimes crapuleux. Dans ces affaires les entrevues sont souvent difficiles. Des gens dans le malheur confrontés à la police, à la justice, en dernier ressort aux médias. Nous les attendons à la sortie de leurs audiences avec une grappe de micros, une constellation de flashes et un orage de questions. Des parents effrondrés, des flics agressifs, des magistrats muets, des journalistes curieux et froids, simples spectateurs du malheur. Les journalistes radio écrivent la plume vers le ciel, car nos papiers s'envolent dans les airs. Et puis j'aime quelqu'un. Enfin. Man je t'embrasse. A bientôt. Marc. P.S. Dis à Pa que tout va. P.S.S. Dans la nuit du 12 au 13, n'oublie pas de regarder le ciel, il y aura soixante-cinq étoiles filantes, de grandes belles vertes, du côté de la Grande Ourse.* Cette lettre, Claire Brévaille l'avait conservée par amour, *je t'embrasse*, et par jalousie, *j'aime quelqu'un* et surtout *enfin*.

Le baiser de celui qui lui avait ravi l'espoir d'avoir d'autres enfants, pas forcément son préféré, mais l'ultime, celui dont elle avait toujours souhaité qu'il s'échappât, ça se glisse dans un portefeuille, ça se garde, non comme un trophée mais comme une preuve, et ça se relit en temps voulu, au moment où on s'y attend le moins, au moment où on en a besoin. Claire Brévaille embrassa naïvement la lettre et la déchira. Elle avait besoin de cet acte. Tout comme elle avait exigé de Rod Llellewyn qu'il déchirât la photo de sa fiancée de Manchester. On est toujours l'enfant de l'adulte que l'on devient forcément. L'enfant ne sait pas encore. Il n'a pas le savoir, il est libre, il ne se doute même pas de ce qui lui arrive dès la première dictée, à l'école. Claire Brévaille pensa, hélas, qu'elle avait été le plus souvent la « première partout ». Pour Francis, le père, l'ami, le confident, qui souhaitait pour elle une véritable échappée belle. Claire Brévaille jeta la lettre déchirée dans la panière, sous la coiffeuse et entreprit de s'habiller. Il y avait aussi du dépit dans son geste et dans sa tête, comme un écho du concert. Jean-Baptiste n'avait pas fait semblant de jouer, lui. Et dans la fameuse nuit du 12 au 13, « femme que fais-tu dehors si tard, je vais me coucher », assise sur un petit muret devant La Capte, Mercutio couché contre elle attendait la caresse et la parole, Claire Brévaille, à chaque étoile filante, avait fait le même vœu pour Marc, « qu'il soit heureux », « qu'il soit heureux », « qu'il soit heureux ».

Elle s'était souvenue, aussi, ce soir-là, de Francis citant de mémoire, approximativement, Frédéric Chopin dans une de ses lettres adressées à George Sand, Résidence désormais surveillée, *il faut jouer par cœur, dans l'obscurité.* Ce bonheur fragile et souhaité, Marc l'avait rencontré avec un pianiste, vœu exaucé au singulier puisque ç'avait été toujours le même. Voici Claire Brévaille fin prête, comme l'avant-veille, petite dame de grande banlieue, le corps pétri, las et réapproprié, l'esprit vif, terriblement habité, avec ce vertige du moi et des souvenirs. Elle avait oublié en partant qu'elle allait passer trois jours avec elle-même, si peu une fuite en avant, prisonnière et gardienne des clans. Onze heures moins dix. Elle rendrait la chambre une heure plus tôt. Hôtel Brabant de Ligne, chambre 473, porte refermée, elle pensa « aux suivants ».

Sur la note de l'hôtel, après la mention de chaque nuit, il était marqué *supplément une personne* et le prix, *supplément petit déjeuner, une personne*. Elle paya sans sourciller. Jamais elle n'avait dépensé tant d'argent. Elle pensa au mariage de Sylvie, aux lustres du salon Lizst, haussa gentiment les épaules, elle avait fait ce qu'elle avait voulu faire. Restait à tuer le temps du dimanche. Or, le dimanche, le temps ne se tue pas. Elle demanda au groom, le boutonneux, si elle pouvait laisser son sac jusqu'à la fin de l'après-midi. Elle lui donna la pièce, il lui proposa d'appeler un taxi. « Non merci, je vais marcher. » Un peu plus tard, en traversant le pont des Arts, elle jettera la note de l'hôtel dans la Seine, papier noyé.

DIX-SEPT

RUE de Seine, un peu après la rue des Beaux-Arts, Claire Brévaille passa devant le bistrot La Palette où le « trio » pavanait, attablé, attirait son monde, tenait des propos idéaux. Il y avait de la place en terrasse, midi, elle préféra entrer et s'installer à la table où tant de projets avaient été évoqués, où il avait été question d'audace, de conception, le mot de restructuration revenant sans cesse, vieille bouée toute sèche, brûlée par le soleil à force d'attendre un secours possible. La grande idée de Pierre, c'était la banlieue. Il fallait la rendre belle, raser et recommencer, aménager des axes de circulation, créer des zones vertes et d'autres piétonnières. Frédéric et Ludovic, Fred et Ludo comme on les appelait, rétorquaient qu'en banlieue tout serait vite dégradé. Pierre affirmait « on ne casse pas ce qui est beau ». Les autres rigolaient. Claire soutenait Pierre du regard. Là, assise sur la banquette, à la place habituelle de Pierre, Claire Brévaille ferma les yeux et vit défiler toutes sortes de banlieues plus bafouées les unes ques les autres, certains bâtiments de leur projet mirifique, ayant été construits selon leur mode idéal, grands éclats des jeunes architectes, étaient déjà promis à la destruction, des clapiers dans des espaces verts. Claire Brévaille quitta La Palette avant même d'avoir commandé. Elle avait besoin de respirer, comme un début de malaise. La confrontation avait été trop brusque, le corps se cabrait. Elle avait si peu dormi les deux dernières nuits.

L'utopie avait eu ceci de doux qu'elle avait conduit à une rencontre. Claire Brévaille marcha jusqu'à la place de Furstenberg toute habitée par l'idée que les promesses de Pierre tant idéales qu'affectueuses seraient peut-être tenues un jour. Ce n'était qu'un commencement. Sur un banc, un couple s'embrassait. Banc à double face, elle prit place près d'eux, tout en leur tournant le dos. Elle avait besoin d'entendre le glissement de leurs baisers, le froissement délicat de leurs vêtements et de leurs murmures, elle ne voulait pas surtout les déranger. Sur ce banc aussi, Pierre et elle s'étaient embrassés. Où ne s'étaient-ils pas fait de serments dans le quartier ? En quittant l'hôtel, sans même l'avoir décidé, Claire Brévaille avait eu besoin de retraverser le pont des Arts, d'arpenter la rue de Seine et de se réfugier sur la petite place carrée avec son panneau, près d'un porche, *Atelier de Delacroix*, c'était le cœur de Paris, petit cœur battant une chamade révolue alors qu'il avait été question de révolution, si peu la banlieue. La phrase « on ne casse pas ce qui est beau » revint à l'assaut, en mémoire de Claire Brévaille, elle pouvait très bien s'appliquer aussi à Pierre et à elle, à eux deux, et aux amoureux voisins du banc, il n'y a pas de hasard. Après la vente de La Capte, de retour à la Résidence George-Sand, Pierre le premier soir avait emmené Claire au cinéma, étrange film dont elle a oublié le titre mais qui commençait par un plan fixe sur une phrase, *qui a deux femmes perd son âme, qui a deux maisons perd la raison.* Pierre l'avait prise par la main, dans l'obscurité de la salle de projection et Claire s'était dit « c'est trop tard, mon ami ». C'est peut-être trop tôt encore, aujourd'hui, elle se le dit. Le couple d'amoureux se mit à parler plus fort. Il dit « tu as soif? » Elle répondit « non, s'il te plaît, restons ». Chez les Dutheil, rue Louise-Croisé, on faisait aussi du théâtre. Pour personne. Mais on répétait *Les Enfants d'Edouard* de Casimir Delavigne, surtout la scène du meurtre. Cléa et Claire jouaient les enfants, Francis, flanqué d'une fausse barbe, brandissant un couteau en carton recouvert pour la lame de papier d'emballage de chocolat, jouait le meurtre. Cléa avait vraiment peur. Claire, elle, à chaque fois pouffait de rire. Tout était à recommencer. Claire ne pouvait pas croire à la menace du père qui, à d'autres moments de loisir, sur 78 tours, lui faisait écouter et réécouter le dernier acte de *Carmen*, le *c'est toi; oui, c'est moi; l'on m'avait avertie que tu n'étais pas loin, l'on m'avait dit de craindre pour ma vie.* « Ecoute bien, disait Francis, toute la beauté du couple est là résumée, on n'expliquera jamais la fatalité. » Lui aussi, enfant, avait répété la pièce de Casimir Delavigne, pour la mémoire et la diction, son père jouant le rôle du meurtrier, « mais je ne pouffais pas de rire », et sa mère, en faisant les lits, fredonnait *Carmen,* « elle ne savait pas ce qu'elle chantait ». Claire Brévaille murmura à voix intelligible « Pierre, ne te désespère pas, je serai là ce soir ». Le couple d'amoureux avait entendu, foutu, il avait été dérangé, il se leva et disparut, tendre geste du jeune homme ceignant la taille de la jeune fille et Claire se retrouva seule sur le banc, émue et confondue. Ils l'avaient prise pour une folle.

Alors seulement elle remarqua que trois des quatre arbres de la place étaient jeunes. On en avait planté de nouveaux. Un seul, vénérable, avait été le témoin d'elle et de Pierre. Alors seulement elle se dit que rien n'avait d'importance, et que tout était grave ou joyeux selon l'humeur et la nature de l'encre, bleue ou noire, de la mémoire. La présence des amoureux lui avait fait du bien. L'homme également, deux nuits de suite, lui avait rendu son corps. Quand, rue Louise-Croisé, Claire allait se regarder dans le miroir de la chambre de sa mère, Cléa était aux aguets, la surprenait toujours, et invariablement lui répétait « le corps n'est rien si l'esprit n'y est pas ». Elle avait de l'esprit, elle aussi? Claire Brévaille se leva, quitta le banc, marcha, elle avait une faim de louve.

Alors seulement elle se dit « gare à celle ou celui qui dit je sans jouer ». La formule lui plut beaucoup plus pour le fond que pour la forme, la forme jouait d'elle-même et cela la gênait un peu. Si elle avait pu ou voulu écrire sa vie, sentiment commun et partagé, elle l'eût intitulée *La Mort d'une mouche* ou *Maman, roman,* mais c'était encore là un sentiment et cela la gênait un peu. Au restaurant, le premier venu, une pizzeria, elle se rendit compte que, distraite, elle consultait le menu à l'envers et cela l'amusa. L'heure approchait du retour. Elle avait l'impression, comme on dit, d'avoir bien mené son afffaire. Elle mangea de bon appétit en faisant très attention à la nourriture qui, pour être simple et cuisinée à la hâte, ne lui rendait pas moins, privilège de célibataire, le plaisir et la conscience de ce qu'elle portait à sa bouche, comme si pendant tant d'années, en prenant les repas de famille, ou en tête-à-tête avec Pierre, elle n'avait fait que se soucier des autres, les dévoreurs de son ventre, ou de Pierre qui se fâchait pour un peu trop de sel dans la salade, alors qu'elle aussi était là pour se restaurer, attendant parfois le compliment « femme, tu te surpasses » ou plus simplement « hum, c'est bon, maman ». Finalement, avec eux, elle avait toujours mangé en absente, oubliant sa propre faim. Elle avait des milliers de repas en retard.

Le billet de cent francs avait fait un vilain bruit de froissé quand l'homme l'avait glissé dans sa poche. Pour le dessert, elle commanda des cornes de gazelle. Trop poudrées, trop sucrées, écœurantes. Il lui fallait bien, ainsi, pour l'ordre et pour la norme, l'expression « stricte vérité » lui vint en tête, admettre qu'elle avait goûté et adoré les baisers de l'homme. Les baisers de Pierre n'auraient plus jamais la même saveur.

Elle retrouva la rue et les promeneurs du dimanche. Combien de fois Martial avait-il pu lui dire « ne t'occupe pas de mes affaires, maman ? » Elle l'agaçait en lavant et repassant trop souvent son linge, « je le préfère sale et fripé ». Combien de fois Margot avait-elle pu lui dire « je n'ai aucune leçon à recevoir de toi, je sais ce que je fais » ? Combien de fois les questions, avec Marc, étaient-elles restées sans réponse ? Et combien de fois Pierre, dans l'intimité, avait-il retenu un geste qui eût pu devenir de tendresse, comme avant ? Claire Brévaille s'arrêta devant une galerie d'art de la rue de l'Echaudé. Derrière une grille, fermé le dimanche, étalé en grand, le nom d'Irina Kolska et un immense tableau représentant de manière réaliste, presque comme dans un rêve, le porche et la perspective d'une cour. C'était bien le passage Carpeaux. La compagne de Ludovic exposait. Ce fut à nouveau la vision d'Antoinette Survin, sur son lit d'hôpital, avouant après la lecture d'un chapitre du roman mille-feuilles, qu'il était important « que chacun puisse refaire à son profit le trajet des temps perdus », ou confiant à Claire ce qu'elle qualifiait de « souffrances de détail », « tous ces petits sourires aux lèvres des autres quand d'un geste spontané je signalais mon amour pour Ludo. Je sais qu'on me surnommait la ventouse. Chaque instant avec lui était une déclaration. Tu me comprends mieux maintenant ? » Claire Brévaille avait pris la main d'Antoinette Survin et l'avait embrassée, main grise, lasse, constellée de taches, c'était l'extrême fin. Antoinette lui avait dit « comme je t'envie et comme vous avez de beaux enfants. Pierre t'aime, tu le sais, ne t'y trompe pas ». Claire Brévaille avait repris posément la lecture du roman. Antoinette avait insisté « pourquoi fais-tu semblant de ne pas m'écouter ? » Claire avait murmuré « il m'avait promis une autre vie ». Antoinette avait mal entendu, « dis-le-moi plus fort, droit dans les yeux, s'il te plaît ». Une infirmière était entrée dans la chambre avec un immense bouquet de fleurs. Antoinette avait dit « encore quelqu'un qui ne viendra pas. Tu les emporteras avec toi, n'est-ce pas, Claire ? » « Tu ne veux pas savoir qui c'est ? » « Non, trop tard et c'est pire qu'une absence. » Claire Brévaille était repartie avec le bouquet, l'avait laissé au bureau des infirmières et avait gardé la petite carte. Les fleurs avaient été commandées à Vancouver, un mot avait été transcrit *Love. Sursum corda. Marie-Ange et Klaus*. L'amour, haut-les-cœurs, et le nouveau couple ? Dans l'ascenseur bondé Claire avait déchiré le petit mot, à la manière hypocrite, le bras le long du corps, des confettis qui seraient piétinés. Dans le grand hall, elle avait croisé Ludovic et lui avait clamé, le tenant par le bras, « dis-lui que tu l'aimes ». Ludovic avait pris un air offensé. De quoi se mêlait-elle ? Les hommes prennent en pareille circonstance un air pincé et souverain. Ludovic n'avait rien répondu. Là, devant la galerie, à travers la grille, elle aurait voulu voir d'autres tableaux de la suivante, de la triomphante. Dans l'ombre, accrochées aux cimaises, elle ne devinait que des toiles qui toutes représentaient le porche et le passage Carpeaux. Elle lâcha la grille et reprit son chemin parmi les badauds du dimanche. Il y avait déjà un marchand de glaces.

Le monde appartenait-il aux ambitieux, aux paradeurs de l'âme, aux malfrats en tous genres et rien qu'à eux? Pourquoi veut-on si fort que « ça change » quand tout, de constat et d'évidence, se cristallise et s'inscruste? Claire Brévaille arpenta le boulevard Saint-Germain d'un côté, de l'autre, dans un sens et dans l'autre, de la rue de l'Ancienne-Comédie à la place Saint-Germain-des-Prés, se noyant dans la foule, en proie à elle-même. Il ne lui restait que peu de temps pour régler ses propres comptes. Elle souhaitait vivement que tout se terminât dans un éclat de rire avec un brin de tendresse. Francis, aussi, savait être laconique et disait « mieux vaut varier que développer ». Tout cela lui revenait en mémoire, une certitude, et elle eut un sentiment limpide des jours écoulés, même si elle se sentait, anonyme, indescriptible, brassée dans la foule. Il y eut un rayon de soleil. Le ciel bleu était déchiré par d'immenses nuages blancs. Elle se pinça le bras pour s'exhorter.

DIX-HUIT

LA vente de La Capte avait été un acte de salut et de santé, une étape, une de ces ruptures dont on croit d'abord qu'elles vont être dures, faire blessure, et dont très vite on se rend compte de l'effet de renouveau. Après le dernier été là-bas, Claire s'était sentie libérée, prête à tout recomposer, envisager, mais Pierre n'avait pas été au rendez-vous des aveux. Sans doute parce qu'il était blessé, et elle pas. Sans doute parce qu'il n'attendait plus rien du tout de la vie, et elle oui, encore. Après le dernier été là-bas, Claire avait attendu un signe de Pierre, et Pierre ne le lui avait pas adressé, par orgueil ou par timidité. Il faut diablement croire à celui que l'on aime pour pouvoir le quitter en écrivant sur un petit bout de papier *je reviendrai*. Il faut vraiment aimer celui que l'on a toujours aimé pour se donner à un autre avec conscience, ni bonne ni mauvaise, passage, passade, exploit du corps, de quoi reconsidérer le grain de peau de l'aimé, la géographie des taches de rousseur sur ses épaules, la douceur de ses cheveux bouclés, le peu de répondant de ses fines lèvres aux baisers quand il embrasse, la petitesse de ses mains, la nervosité de ses doigts et pour le reste du corps, l'âge venant, un début d'embonpoint. Apprendre à tirer du plaisir mais pas de satisfaction. La satisfaction, jamais. « T'as pas dix balles », demanda une jeune fille aux cheveux d'un vert fluorescent. Claire Brévaille fit signe que non, serra contre elle son sac en bandoulière, poursuivit son chemin sur le trottoir et s'entendit traiter de « vieille conne ». Elle eût pu rire de la scène, brusque, alors qu'elle marchait distraitement, si elle n'avait pas eu en tête tant de souvenirs et un avenir. Elle ferait l'amour avec Pierre, ce soir, après le départ des enfants, comme avant. Avant « femme ». Tout dépendait du premier regard quand elle reviendrait. Et quel qu'il soit, ce regard, elle violerait Pierre. Une agence de voyages affichait, *dimanche, portes ouvertes sur vos vacances.* Elle entra et s'enquit de voyages lointains. Elle ressortit, comblée, un sac de prospectus à l'autre main. Elle venait de dire fièrement « je reviendrai avec mon mari ».

La vente de La Capte avait été une épreuve et un plaisir, comme une coupe de cheveux quand on les exige très courts et que les ciseaux d'un certain Minitel coupent dru et crissent. Alors la sève remonte, l'arbre grandit. Alors on se sent prête à l'abordage. Il y avait des funambules devant la terrasse d'un café, un mime, un clown, un vieux clochard qui faisait peur aux passants avec un rat en caoutchouc. Claire Brévaille se réjouit comme une enfant. Une petite fille passa avec un béret pour la collecte, elle donna dix francs, une pièce neuve et rutilante. La petite fille était émerveillée. Quand le train était entré en scène au dernier acte d'*Annie au Far-West,* au Théâtre du Châtelet, Francis et elle s'étaient échangé un bref regard.

Sans doute avait-il lu le même émerveillement. L'entourage soupirait et se plaignait du parfum de Cléa, son inévitable et entêtant *Soir de Paris*.

En quittant La Capte, quittée par ses enfants, Claire avait jubilé et pensé reconquérir Pierre. « Non, pensa-t-elle à voix haute, il s'agissait de retrouvailles ! » Ses voisins de trottoir, agglutinés comme elle pour voir le spectacle, la regardèrent d'un drôle d'air. Elle recula, s'éloigna, reprit son chemin. Il était quinze heures trente. Le temps du dimanche ne se tue pas si l'on a trop à se dire. Martial avait été son préféré, l'aîné, le premier venu, les attentions de Claire l'avaient rejeté vers Pierre qui était devenu maître et modèle. Margot, ensuite, avait été adulée, Claire s'était montrée trop avenante et sa fille, à son tour, lui avait échappé au bénéfice du règne vigoureux et peu tendre de ses poupées. Aussi, pour Marc, Claire s'était-elle montrée distante. « Femme, tu ne t'occupes pas assez de lui, regarde son bulletin trimestriel. » C'était très bien ainsi. Le soir même, pour ce dîner de fête des mères, elle pourrait enfin lui parler et se régalait à l'avance des regards échangés puisqu'elle avait été présente au concert.

Pour la vente de La Capte, le plus dur avait été le laps de temps entre la signature de l'acte de promesse de vente et le départ effectif avec dépôt des clefs et d'une procuration pour la signature de l'acte définitif chez le notaire, sans tenir compte de la liste du mobilier vendu avec la maison qu'il avait fallu chiffrer en présence des acquéreurs étrangers qui se disaient « les nouveaux acquisiteurs ». Cela eût pu les faire sourire, de l'inquisition dans l'air, si la décision de vendre étant prise, Pierre et Claire n'avaient pas honteusement baissé le prix de la maison pour que des clients se présentent enfin. Ça n'avait pas été une affaire, « beaucoup s'en faut », dirait Pierre à ce sujet. Un hamac, cent francs; un lit en 160, deux mille francs; un lot de vaisselle par six, huit cents francs; quatre coussins, cent francs; deux lits en 120 avec double jeu de draps, quatre mille francs, une cuisinière électrique, un lave-vaisselle, un réfrigérateur-congélateur, un aspirateur, un plumeau, etc., Claire Brévaille avait fait et refait les additions pour que ça tombe juste. Tout était inclus dans le prix déjà bradé de la maison, tout ce qu'ils avaient aimé, choisi, décidé, au fil des années, pour que la maison soit parfaitement accueillante. Claire Brévaille avait fait tout cela, jusques et y compris les résiliations de contrats d'eau, d'électricité, de téléphone et d'abonnement d'entretien de la station d'épuration, avec le secret espoir de jours nouveaux et meilleurs.

Mais l'effacement de Pierre l'avait emporté sur la volonté du couple et la ténacité d'être deux après avoir été cinq. Pierre avait de la rancune. Claire Brévaille, impuissante, s'était dit qu'à sa propre image il fallait, pour comprendre ou au moins contourner et saisir un peu son autre, remonter en aval, or elle ne savait rien de l'enfance de Pierre. Ce secret de lui-même qu'elle avait respecté au point d'en faire une raison de plus à son attachement était devenu adverse, du fait de la séparation de La Capte. Francis avait dit à sa fille « Cléa ne sait rien de moi, elle n'a jamais eu la curiosité ». Aussi Claire Brévaille, dans les temps qui suivirent ce dernier été, là-bas, s'était-elle employée, sans que cela devienne jamais systématique, à interroger son époux. Il lui manquait tout le chemin parcouru avant elle. Elle se livra donc pour qu'il se livre. Pierre jamais ne répondait aux demandes habiles et subtiles. Claire Brévaille ne s'en était sentie que plus seule et désemparée. Les premières vacances chez ses beaux-parents, au bord de la Jabeuse, elle avait interrogé jusqu'à l'eau, jusqu'aux arbres, jusqu'aux murs de la maison patricienne du notaire, tout était muet. Sa belle-mère, au plus furtif regard, semblait lui faire de vifs reproches. Claire Brévaille avait renoncé.

C'était donc l'après-midi de La Capte. Claire Brévaille errait et de rue en rue se retrouva place Saint-Sulpice que Francis surnommait « la place Saint-Supplice ». « Pourquoi lui racontes-tu de telles horreurs ? » demandait Cléa. La vente de La Capte occupait en esprit parce que ç'avait été une douleur, séparation de meubles aimés, qu'elle avait cirés avec amour une dernière fois l'avant-veille du départ, et une jouissance. Dès la veille, la maison dépouillée de ce qui leur avait été personnel pour ne laisser que ce qui était utile et fonctionnel, ayant retrouvé une harmonie, appelait à l'ordre neuf du couple de fuyards. Aujourd'hui, dimanche, pas à pas, seconde après seconde, c'était le compte à rebours, Claire Brévaille eût souhaité pouvoir estimer une fois pour toutes avant de revenir si la jouissance l'avait emporté sur la douleur ou inversement. Elle ne trouvait pas de réponse. Tout restait à faire, pour un peu elle aurait eu regret de l'épisode avec l'homme, elle, une femme mariée, une femme de cet âge, une femme fidèle jusqu'à la fuite avec promesse de retour. Pourquoi le regret ? Elle veillait à ce que rien ne bascule en elle. Par deux fois déjà, à une heure d'intervalle, des inconnus l'avaient prise pour folle parce qu'elle parlait à voix haute. Qui donc trouvait des réponses et n'étaient-ils pas légion celles et ceux qui excellaient dans l'art de poser des questions, subtile manière de formuler des accusations ? Les « nouveaux acquisiteurs » avaient trouvé une maison, meublée juste de ce qu'il fallait. Mais le charme, le plaisir des enfants qui grandissent d'année en année, tout cela comme un enchantement s'était évanoui. Claire Brévaille se dit qu'elle avait la mémoire indélébile. Rien à voir avec les « ardoises magiques » de son enfance, clip, clap, tout s'effaçait. Elle avait eu du plaisir à démolir La Capte, à la laisser autre que ce qu'elle avait été, pour une espérance qui n'avait pas trouvé de territoire, une nouvelle alliance qui n'avait pas eu lieu. C'était de sa faute. Elle l'avouait. Bien qu'elle n'aimât point l'idée de faute, tout comme elle avait été éduquée à écarter ce qui pouvait porter le nom de regret, de remords ou de honte. On ne change pas celui qu'on aime, on l'aime jusqu'au bout. On ne se change pas non plus. Elle s'approcha de la fontaine au milieu de la place, s'assit sur la margelle, posa par terre le sac de prospectus, et de la main droite s'aspergea le visage. C'était de l'eau sale, mais c'était de l'eau, geste d'enfant qui éclate de rire parce que ça éclabousse, Martial, Margot et Marc au bain, le soir, dans la baignoire, tous les trois, l'arche de Noé de son ventre. Le visage dégoulinant, elle put pleurer un peu, ni vu ni connu, quelques larmes ça fait du bien.

Et c'était encore un peu de l'argent, produit de la vente de La Capte, que Claire Brévaille venait de dépenser pour tant de cadeaux futiles et deux nuits, à deux, dans un hôtel de grand luxe. Après tout, trois jours, ça ferait trois le lundi matin au petit déjeuner, on accuse le monde entier, on regarde, on s'effare ou on s'extasie et on finit par se mettre en cause, on devient le témoin à charge et pas seulement à décharge de soi-même. Claire Brévaille, la main droite dans l'eau glaciale de la fontaine de la place Saint-Sulpice, pensa qu'elle avait nié Pierre. Même sa sollicitude et sa présence l'avaient empêché. Plus elle avait demandé en son nom propre, le nom de l'épouse, le nom de la mère, plus il s'était rétracté au point de la nommer « femme », gentiment d'abord et de plus en plus aigrement ensuite pour finalement s'ensevelir, comme Francis, et garder pour lui-même tant de petits secrets qui eussent dû être échangés.

Personne n'avait perdu. Il n'y avait pas de règle du jeu. Ce n'était d'ailleurs pas un jeu. Claire Brévaille se sentait bien plus à l'aise dans les vêtements habités, usuels, déjà portés, de l'avant-veille. Cette peau-là lui convenait, cette apparence, une petite nostalgie de grande banlieue et un rêve de conquête factice, le genre crème antirides à l'huile de vison sauvage, évacué. Personne n'était responsable. La vraie vie était là. Ou la vie vraie, comment faire la différence ?

Elle reprit en main le sac de prospectus avec ses promesses de voyages lointains et alla le jeter dans une corbeille à papier, près d'un banc, qui portait panneau *Propreté de Paris.* Sur le trottoir d'en face, des policiers arrêtèrent deux passants au teint pour eux suspect et demandèrent leurs papiers d'identité. Déjà, des éclats de voix, « c'est dimanche ! », « c'est la troisième fois aujourd'hui ! » Elle fit semblant de n'avoir rien vu, rien entendu. Elle remonta la rue Bonaparte, s'arrêta distraitement devant quelques vitrines. Elle n'avait plus envie que de rentrer. Ce serait bientôt l'heure d'aller reprendre le sac à l'hôtel Brabant de Ligne. Claire Brévaille se dit « c'est chacun pour soi ». Elle sourit en souvenir de Francis, l'autre enseveli, elle cria en elle-même « c'est chacun pour deux ». Elle se sentit plus volontaire que jamais.

DIX-NEUF

L'HOMME était devant l'hôtel. Elle recula. Trop tard, il l'avait vue. Elle avait déjà fait demi-tour et tentait, à pas pressés, sans pour cela courir, c'eût été trahir ce qui n'avait pas lieu d'être, de s'échapper. Le scénario de son retour était contrarié. Lequel des deux s'était joué de l'autre? Aucun. Pourtant elle fuyait, première rue à gauche, première rue à droite, elle cherchait un café, un lieu public, du monde. Il la suivait et gagnait du terrain, elle le sentait et, souvenir ridicule, se rappela cette histoire que Francis racontait et qui n'amusait personne, à commencer par lui-même : une secrétaire arrive en retard au bureau et dit « j'ai été suivie par un homme qui marchait très lentement ». Il y avait du grotesque dans la situation. La mémoire, dans la frayeur, ne fait plus le tri. Claire Brévaille se retrouva place Vendôme. Le ciel s'était couvert, gris, uniforme. Sur la place, plus personne, une vraie fin d'après-midi de dimanche de printemps. Elle se retourna. L'homme n'était pas loin et l'appela « Claire! »

Elle eut l'impression que son nom avait fait écho, ce n'était qu'une impression, ce n'était qu'une histoire entre elle et elle, elle jouait, c'était évident. Comme dans un conte pour enfants, le passage de l'Ogre somme toute désiré et révélateur. Tout était réglé, conforme, elle se régalait du retour et l'homme revenait avec ses grandes mains, ses mélopées, son air conquérant, le pas mesuré et dansant comme s'il avait toujours marché sur un tapis de fleurs, sur un tapis volant, n'importe quoi, Claire Brévaille se mit à penser n'importe quoi, elle courait. Pour se faire peur.

Pour se faire désirer également. Cette précipitation et la confusion qui en dérivait n'étaient pas sans lui déplaire. « Claire! » Si au moins l'homme avait dit « Claire, je t'en supplie » ou « Claire, excuse-moi » elle se serait arrêtée net, la supplique ou l'excuse ne cachent alors plus ce qui n'est qu'une intrigue. Il appelait « Claire ». Simplement.

Alors elle s'arrêta, à bout de souffle, l'attendit, fit face. « Je suis sincère, lui dit l'homme, je n'ai jamais rencontré une femme comme toi. » « Je suis mariée, répondit-elle, je dois rentrer chez moi, ils m'attendent. » « Je ne te crois pas, Claire » et il la saisit fortement par le poignet. Gare à celui qui s'annonce sincère. « Tu me fais mal. » « Je t'aime, Claire, j'ai besoin de toi, tu as besoin de moi. » Claire Brévaille dégagea sa main. Elle se sentait à la fois furieuse et flattée, tout cela était conventionnel et cependant éveillait une curiosité qu'elle n'avait que trop connue auparavant. « Pardon, je t'ai fait mal. » « Non, ce n'est rien. » Ce dialogue, elle l'avait entendu cent fois dans des films. Là, elle devenait l'actrice, sans vouloir vraiment jouer le rôle. Il l'entraîna, en la tenant plus gentiment et fermement par le bras, vers la rue de Rivoli. « Je vais être en retard. » L'homme dit « ils attendront ». Elle faillit dire « donc tu me crois », préféra se taire et se laissa emmener comme une coupable vers un salon de thé où ils prirent place. L'homme semblait y avoir des habitudes, ce qui eût pu éveiller en elle de la jalousie si elle avait éprouvé une réelle convoitise. Comment se débarrasser de l'homme ? Elle se fit plus douce. Ils commandèrent deux thés et deux gâteaux. Elle dit « je te reverrai si tu le veux ». Il répondit « je ne veux pas de ça ».

L'homme était touchant avec son air renfrogné, brutal, désenchanté. Claire Brévaille se dit qu'il vivait une histoire vraie et elle pas, de la légitimité et elle plus. C'était elle qui avait sali le bruit du billet. Elle dit « parle-moi de toi ». « Ce ne sont pas des choses qui se demandent mais qui se font, au gré du temps. » Claire Brévaille rougit un peu, la réponse de l'homme était pertinente, plus fine que prévue, donc il y avait en elle le même racisme que dans les bureaux de la préfecture quand on veut « nettoyer un peuple », c'était de l'Histoire, toujours la même histoire, et jamais aucun responsable, chacun disant avoir agi sous l'ordre d'un supérieur, et ainsi de suite. Jusqu'à qui ? L'homme dit « J'ai perdu mon tour dans la file d'attente parce que je voulais te revoir. Je ne regrette rien. Tout me criait que tu n'étais pas vraiment partie ce matin. Il y a toujours un bagage à reprendre. Tu vois, je suis content. Tu es la femme de tous les soirs. A quelle heure est ton avion ? C'est comment Buenos Aires ? Il y a combien d'heures de vol ? » Claire Brévaille servit le thé.

Trop beau, elle se sentait décontenancée. Il lui

fallait du temps pour réfléchir. Elle répéta mécaniquement « parle-moi de toi ». Il répondit « appelle-moi par mon prénom, s'il te plaît, Claire, au moins une fois ». « Parle-moi de toi, Neguib! » « Mieux que ça, tu me ferais plaisir. » Elle murmura « je ne le peux pas », but une gorgée de thé et se brûla les lèvres. Elle lui avait fait face, l'avait senti en colère puis tendre. Elle ne jouait plus, il jouait encore, ou alors comment savoir? Elle savoura le gâteau au chocolat. « Tu ne le goûtes pas? » « J'attends des réponses, Claire. » Il croisa les bras sur la table et se pencha vers elle, « j'attends ». Claire Brévaille prit un air dégagé, presque mondain et vérifia du regard s'il y avait assez de monde dans la salle pour ne plus craindre d'esclandre. Mais ce qui était jauge pour elle était peut-être démesure pour l'homme. Elle fixa toute son attention sur le gâteau qu'elle acheva en quelques bouchées aussi méticuleuses que délicieuses, du tendre-amer. L'homme répéta « j'attends ».

Elle dit « je suis de banlieue. Je dois rentrer pour dîner, c'est la fête des mères, je ne veux pas qu'ils m'attendent ». Il répéta « je ne te crois pas. Ce n'est pas possible ». Elle essaya de lui sourire. Au regard elle sentit qu'il était redevenu aussi rude que lorsqu'il l'avait saisie par le poignet. Elle s'essuya les lèvres, reprit du thé et soupira. « En plus, tu veux que je te plaigne? » glissa l'homme en baissant un peu la tête, à la manière reptile, cette manière que Francis dénonçait quand il parlait de ses supérieurs hiérarchiques et ça faisait rire la mère, le père et la fille, même Cléa riait de ces imitations. L'homme poursuivit « je ne te quitterai pas comme ça ». Claire ne broncha pas. « Dans mon pays on tue les femmes qui ont fait naître des mirages. » Claire ne dit rien. « Je ne veux pas qu'on me renvoie là-bas, en plus... » Claire le regarda droit dans les yeux. « En plus, dit-il, nous avons besoin l'un de l'autre. » « C'est faux », lança Claire Brévaille. L'homme se répétait. C'était la faille. Il n'eut soudainement plus aucun pouvoir sur elle. Elle pensa qu'elle était devenue la supérieure hiérarchique, demanda avec assurance l'addition et paya. La serveuse en rendant la monnaie dit « ça ne vous a pas plu, monsieur? » Claire Brévaille prit la part de gâteau et la mangea, du bout des doigts, avidement. La serveuse eut un petit air à la fois choqué et amusé. Elle disparut. Claire Brévaille se leva, remit son sac en bandoulière, regarda l'homme et lui dit « adieu ». Elle se dirigea non vers la sortie mais vers les toilettes. Un peu par sécurité. L'homme n'avait pas cillé.

Le projet était de téléphoner à Pierre pour qu'il vînt la chercher. Mais la cabine téléphonique était à la caisse. Elle s'enferma donc dans les toilettes. Elle compterait jusqu'à mille et alors seulement elle partirait. Ainsi, rue Louise-Croisé, s'enfermait-elle souvent dans ce lieu clos, intime et sacré, lorsque les remarques de Cléa fleuraient la dispute, lorsque les allusions de Francis frisaient l'insulte, ses parents s'aimaient, à la manière houleuse, et elle ne le supporterait jamais pour elle. Pensait-elle. « Tu es, lui disait Cléa en caressant son *vous-à-moi*, d'une lignée de femmes venues de l'ombre, qui font de l'ombre, donnent naissance et ont toujours le dernier mot. » C'était trop beau, dans la bouche d'une mère que Claire eût souhaité pouvoir ne pas aimer du tout. Claire Brévaille comptait de un à mille sans tricher, sans précipitation, à la mesure des secondes, comme en musique, le passage de l'harmonie à la mélancolie sans aucune exaltation. Tout criait, en elle, de capituler pour la vie qu'elle avait vécue et qu'elle vivrait encore, peut-être mieux. Adossée au mur, répugnant à s'asseoir sur le trône, porte refermée, elle consultait sa montre dont l'heure, globalement, lui annonçait déjà un retard et dont la trotteuse lui donnait la cadence de son compte dérisoire. Il fallait que l'homme parte. Il fallait qu'elle puisse circuler sans aucune crainte. Elle n'avait plus de temps à perdre. Le temps perdu était trop parlant et blessant. A cinq cents, elle reprit le compte à zéro serrant en poing, comme une preuve, les cinq doigts de sa main droite. Ainsi se retrouvait-elle à faire des calculs absurdes, comme Marc, dans la voiture, pressé qu'il était d'échapper à sa condition d'enfant. Que ne sait-on pas alors, que n'est-on pas prévenu de ce qui va suivre ? On brûle les étapes et on se retrouve place Vendôme, le poignet saisi par la main d'un homme tendre et furieux. Le jeu humain consistait à abandonner l'autre en premier, veillant à n'être jamais l'abandonnée de quelqu'un. C'était sans doute cela le « dernier mot » dont avait parlé Cléa, avec sa morale livrée à la certitude de tous les malheurs et à la loi d'un plus faible qui, selon elle, était le plus fort. Francis la dominait, la pire force étant l'indifférence, même feinte, jamais déclarée, et, jusque dans l'humour le plus mièvre, parfaitement sous-entendue. Claire Brévaille avait perdu le fil du compte un peu après six cents. Elle estima la durée de la distraction, image rigide, exaspérée de sa mère, pour cinquante et poursuivit au rythme du tic-tac de sa montre, scrupuleusement.

A mille, elle ouvrit la porte et se dirigea vers le lavabo. Elle se lava les mains longuement pour gagner un peu de temps. Elle en profita pour se donner un coup de peigne, un peu de fraîcheur, un petit air net. Elle laissa un franc dans une soucoupe, sur un guéridon du sous-sol désert, un petit bout de carton annonçait *merci*. Elle se dit qu'elle n'avait plus rien à craindre. En fait, elle avait peur, une peur inventée que l'on maîtrise, aussi précise qu'indécise, une peur perforante, un petit pincement au ventre, seulement une idée de ce qui pouvait lui arriver encore d'inattendu. Dans la salle, l'homme avait quitté la table. Déjà de nouveaux clients s'y installaient. Claire Brévaille croisa la serveuse et lui dit « merci ! » d'un ton légèrement carré. La serveuse, surprise, répondit « merci à vous, madame, à bientôt vous revoir ». Claire Brévaille se dit « oui, je reviendrai. Seule ». Dehors, la nuit tombait. Il pleuvait. Sous les arcades de la rue de Rivoli, Claire reprit le chemin de l'hôtel en se disant qu'elle revenait chez elle, seule aussi, un peu plus seule qu'avant, désarmée par tant de souvenirs ressuscités, plus forte parce que plus faible, habitée, décidée. En traversant les rues elle prenait la pluie et cela ajoutait au sentiment de renaissance. La pluie criblait son chemisier. Elle frissonnait. Elle entra dans l'hôtel. Le groom alla chercher son sac. Le portier la salua de loin. « Je vous appelle un taxi, madame, il pleut. » « Non, je vais marcher jusqu'au R.E.R. La station Auber n'est pas loin. » Et, geste qu'elle ne commanda pas, elle lui pinça la joue comme elle l'avait si souvent fait à Martial, Margot et Marc, geste hérité de Francis. Le groom rougit. Elle lui donna un billet. « Madame, c'est trop. » Elle murmura « rien n'est trop », le groom n'avait pas entendu. Il fit tourner pour elle la grande porte à tambour qui avait, au franchissement, si fortement ému Claire un certain soir de fête.

VINGT

L'HOMME était sur le trottoir d'en face. Elle fit comme si elle ne l'avait pas vu et tourna à gauche en direction du quartier de l'Opéra. Elle aurait pu se presser à cause de la pluie. Elle marchait calmement, décidément, sûre de son retour. Son « adieu » avait tranché. L'homme la suivait, elle le sentait. Il traversa et au premier feu rouge se planta à côté d'elle, « laisse-moi porter ton sac ». Elle ne répondit pas. Le feu passa au vert. Elle poursuivit son chemin, l'homme tantôt à sa hauteur, tantôt derrière elle quand des passants couraient en sens inverse, parapluie à la main ou un journal sur la tête, trottoir étroit. Claire Brévaille mit le pied dans une flaque d'eau, chaussure mouillée. Son visage dégoulinait, elle était déjà trempée. Le ciel s'était obscurci et avait viré au noir, chaussée luisante, voitures en stationnement rutilantes, rue à peu près obscure, Claire Brévaille obliqua sur la droite pour rejoindre l'avenue de l'Opéra, là au moins il y aurait du monde. L'homme la suivait pas à pas. Elle l'imaginait vaguement souriant et fier de ce qui devenait une poursuite, l'expression d'un désir qui eût pu être juvénile et qui devenait menaçant. Au premier porche, sur l'avenue, elle s'abrita, se pencha vers le sac pour l'ouvrir, mais la fermeture à glissière se coinça et elle dut, accroupie, à hauteur des jambes de l'homme, devant elle, s'y prendre à plusieurs fois pour extraire, en glissant la main, farfouillant, mettant tout en désordre alors que tout était tassé, compressé, le chandail sec du twin-set acheté l'avant-veille, avant la rencontre à la terrasse du Père Tranquille. Sans lever la tête, elle ne voulait surtout pas croiser son regard, elle cria : « va-t'en maintenant ». Il répondit « c'est comme si tu me disais que tu m'aimais », puis « je connais un hôtel dans le coin, tu en crèves d'envie, au moins ça ». Elle gueula « va-t'en ! ». Elle n'avait jamais gueulé de sa vie, ainsi.

Elle ferma le sac, l'empoigna et cette fois se mit à courir. L'homme cria « Claire, tu ne m'échapperas pas ! » Elle faillit trébucher. Les passants commençaient à les regarder, étonnés, forcément indifférents. Francis disait allusivement « il n'y a que des passants célibataires ». Quand il était mort dans l'autobus, il s'en était fallu de sept stations et de la sortie de tous les voyageurs, au terminus de la ligne 98, pour que le conducteur se rendît compte qu'il y avait un mort. « Une belle mort, avait dit l'entourage de Cléa à l'enterrement, il ne s'est rendu compte de rien. » « Il avait l'air endormi, la tête renversée en arrière, la tempe contre la vitre, les mains cramponnées à sa sacoche », avait dit le conducteur. Claire Brévaille courait, l'homme la suivait à grandes enjambées. Au passage clouté de la rue Scribe, le feu était au rouge, il vint encore une fois se placer à côté d'elle, « Claire, tu ne devrais pas agir comme ça. Tu te fais du mal, et je ne peux pas l'accepter ». « Laisse-moi. » Elle cria « laissez-moi ! » à voix très haute pour que les piétons qui eux aussi attendaient que le feu passât au vert fussent alertés. Elle essuya quelques sourires, on la prenait pour une pute ou une mijaurée. C'est quoi le secours, qui se penche, quand, et comment se signaler ? Elle fut la première de l'autre côté de la rue, toujours suivie, avec le sentiment brûlant d'être publiquement regardée pour ce qu'elle n'était pas. Elle s'engouffra dans la station Auber.

Ce fut l'interminable descente, d'escalator en escalator, au plus profond de la ville. Si au moins elle avait pu rencontrer Martial et Lou, Margot et Grégor, Marc flanqué d'un bouquet de fleurs, elle se serait sentie sauvée, plus elle descendait, plus elle les nommait au fond d'elle-même. Couloirs bariolés, marchands de colifichets et de babioles, « c'est la fête des mères, profitez-en, je suis sûr que vous allez chez votre mère ». Elle avait déjà dépassé le stand. De dos, brusquement l'homme l'empoigna, le sac tomba, il la plaqua contre le mur carrelé et avant même qu'elle puisse crier, l'étouffa d'un baiser, elle venait de lui mordre la lèvre inférieure. Il l'écrasa, s'appliqua, la tenant de toutes ses forces, les mains sur ses hanches. Elle ne pouvait plus respirer, étouffait et d'un mouvement cambré, désespéré, le repoussa. Les passants s'écartaient un peu, c'est tout. Longtemps elle le fixa dans les yeux, effarée, hors d'elle, puis elle attrapa le sac et alla droit au guichet pour prendre son billet. Depuis des mois, elle n'avait plus de carte orange, elle n'allait pas assez souvent à Paris. Etait-elle trop restée enfermée à la Résidence à quotidiennement demander à Pierre, le soir, menace de licenciement, « alors ? ». Le guichetier la regarda étrangement. Dans la vitre et son reflet elle se rendit compte qu'elle avait un peu de sang sur le menton. Elle l'essuya d'un revers de poignet, franchit le bloc de compostage en levant son sac de la main droite et en serrant très fort le sac en bandoulière de la main gauche. Il y avait les clefs. Elle rentrerait sans sonner. Elle serait là pour le gâteau. Elle ne pouvait pas ne pas revenir. Elle ne pouvait plus ne pas revenir.

Il y eut à nouveau des escalators, un couloir, un téléphone public avec pancarte *en dérangement,* un autre, voisin, dont l'écouteur pendait désespérément. Un peu plus loin, un attroupement, des policiers avec des chiens, un blessé qu'on emmenait sur une civière et des blouses blanches. Elle les dépassa. L'homme était loin derrière, mais il était là. Elle se retrouva sur le quai, regard sur le panneau d'affichage des trains et de leurs destinations, le prochain serait le bon. L'homme attendit, comme elle, un peu plus loin. Elle regarda si un de ses enfants n'était pas sur le quai. Elle se rapprocha d'un vieux monsieur qui lisait un journal. En titre, la société qui employait Pierre venait d'obtenir l'autorisation de licenciements pour cinq cent vingt-sept employés dont deux cent trente-neuf cadres, les négociations de rachat avec un consortium étranger ayant échoué. Claire Brévaille oublia tout, d'un coup, les menaces, la fête, la fuite. Le train entra en station, ouverture automatique des portières, elle prit place en tête de wagon à côté du vieux monsieur. Il y avait quelques voyageurs et l'homme à l'autre extrémité. Le vieux monsieur plia son journal et remarqua que Claire Brévaille avait du sang sur la main. Claire Brévaille se rendit compte que son chemisier également était maculé. Elle était mouillée, s'essuya à nouveau le revers de la main et le menton et dit au vieux monsieur « n'ayez pas peur, je vous en prie ». « Je n'ai pas peur, répondit-il, mais vous allez attraper froid. »

Elle enfila le chandail, le boutonna pour bien cacher les taches du chemisier. Le vieux monsieur lui adressa un sourire. « Parlez-moi, lui demanda-t-elle, un homme me suit, je rentre chez moi, je suis mère de famille, pouvez-vous me prêter votre journal ? » Le vieux monsieur murmura sur un ton de confidence sans aucune familiarité « moi aussi, j'ai suivi des femmes, je ne les faisais pas souffrir, du moins je le croyais » et lui tendit le journal. Claire Brévaille lut l'article en détail. C'était donc fait. Elle dit au vieux monsieur « mon mari vient de perdre son emploi. C'est là ». « Moi, je suis à la retraite, répondit-il, j'ai perdu ma femme il y a deux ans. Je vais à Paris le dimanche. Pour la promenade. Et vous ? » L'homme, de l'autre bout du wagon, la fixait intensément. Il essuya ses lèvres. Claire Brévaille chercha du regard où se trouvait la sonnette d'alarme. Il n'y en avait pas. Le vieux monsieur répéta « et vous ? » Claire Brévaille répondit « merci » en respirant profondément. La réponse était absurde, la respiration avait exprimé gratitude et soulagement. Le vieux monsieur la contempla, Claire Brévaille répéta « merci ».

Le train fit surface, sombre nuit, luisances des rails. Il y eut plusieurs tunnels. Le train passa sous des ponts. Claire Brévaille connaissait le trajet par cœur et par curiosité. Pour les immeubles en bordure de voie ferrée, c'était côté cuisine, des lumières, tant de repas, tant de familles, tubes au néon, lueurs de postes de télévision, lustres façon rustique, Claire Brévaille connaissait ces petits décors, ça grouillait dans sa tête, des milliers d'histoires. « Moi, dit Claire Brévaille, je suis partie pendant trois jours et je reviens. » « Je sais ce que c'est, dit le vieux monsieur, Olga s'en allait aussi parfois. Elle revenait, c'est sûr, mais du jour où les enfants ont quitté la maison, elle n'est plus jamais repartie. C'était mieux ainsi, pour elle comme pour moi, on s'accommode, je fais erreur? » Claire Brévaille lui rendit le journal. « Vous avez raison. Quand Olga revenait, que faisiez-vous? » « Je l'embrassais. »

Il y eut un premier arrêt. Après ce fut la banlieue plus plate, pavillons et jardinets, des lumières aux fenêtres, rideaux fermés. « N'ayez pas peur, lui dit le vieux monsieur, si je descends avant vous, suivez-moi, nous téléphonerons à votre époux de chez moi, il viendra vous chercher. C'est cet homme, là-bas? » « Oui, c'est lui, je préfère rentrer directement chez moi, c'est la fête des mères. » « Chez nous, nos enfants l'oubliaient toujours. Olga disait que c'était sans importance. Elle minimisait tout. C'est donc cet homme? » « Ne le regardez pas, je vous en prie. » « C'est un doux, il est dangereux. » « Je vous en prie... »

Les arrêts se succédaient, mêmes gares, mêmes plates-formes, mêmes sièges en coquille aux couleurs criardes, mêmes panneaux publicitaires que l'avant-veille, cette fois de nuit et dans l'autre sens, c'était le retour. Il y eut même une affiche pour le parfum *Je reviens*. Le vieux monsieur marmonna « je n'ai jamais pu croire qu'Olga allait avec d'autres hommes. Moi, je suivais les femmes seulement pour le plaisir de l'œil. Ça s'arrêtait là. C'est donc ça un autre homme? » « Ne le regardez pas, je vous en supplie. » « Il ne vous a pas blessée au moins? » « C'est moi qui l'ai mordu. » Claire Brévaille grelottait. « Je descends à la prochaine, dit le vieux monsieur, c'est tout réfléchi? » Claire Brévaille fit signe que oui. Il sortit son portefeuille et lui tendit une carte de visite, « je vous en prie, à mon tour de vous demander quelque chose. Pouvez-vous m'appeler dès que vous serez rentrée chez vous ? » « Mon mari ne comprendrait pas. » « Alors demain ? » « Oui, demain. »

Le train ralentit. Le vieux monsieur se leva, « j'insiste », dit-il. « Non, je vous remercie. » « Je peux ? ». Il l'embrassa sur le front, descendit sur le quai, se tourna vers elle, lui adressa de la main le signe d'au revoir, les portes se refermèrent et, au moment où le train redémarra, lui envoya un baiser, du bout des doigts, désarmant et paternel. Claire Brévaille se sentit protégée, invincible, si proche du but, jamais plus elle ne partirait ainsi, et se mit à rêver au destin d'Olga. Elle ferait signe au vieux monsieur. Sans doute aussi pour en savoir plus sur sa vie, ses enfants et surtout son épouse. La banlieue, un peu de rase campagne, puis à nouveau la banlieue et sa lèpre de petits immeubles, partout la vie se nichait, chaque lumière signalait un clan, une tribu, un destin, ce mot qu'elle n'aimait pas. Elle avait gardé la tête tournée vers la vitre, le baiser du vieux monsieur l'avait touchée, comme un geste de Francis quand tout allait mal pour lui et qu'il ne voulait pas qu'elle le sût ou qu'elle en souffrît. Un frôlement du genou la rappela à l'ordre et à la situation, l'homme venait de s'asseoir en face d'elle.

VINGT ET UN

ALORS la colère devient absurde, la fureur devient mirage et ce qui avait été une peur protège. Du bout du doigt elle lui caressa la lèvre endolorie. Elle haussa les épaules et sourit. « Je ne t'ai pas menti, Neguib, je rentre chez moi, je ne peux rien pour toi. » Il posa ses deux mains sur les genoux de Claire et baissa la tête. La sensation d'empoignade était plaisante et gênante. « Je t'ai appelé Neguib. Tu as entendu ? Tu vois, c'est venu, je l'ai fait sans m'en rendre compte. Je te remercie pour tout ce que tu m'as donné et fait redécouvrir. Tout me renvoie chez moi, tu me comprends maintenant ? Même toi. » Claire Brévaille eût dit « surtout toi » si elle n'avait pas senti l'homme à sa merci, si elle n'avait pas craint de raviver une violence inutile qui avait tous les traits de la passion sans en avoir le caractère. L'homme dodelina de la tête, Claire Brévaille pensa que dans la peine, même feinte, mais là tout était vrai, du moins avait-elle la vanité de le penser, nous devenions comme l'animal secouant un joug imaginaire. « Plus l'on donne, moins on reçoit », disait Francis les jours couverts quand le ciel de Paris, gris, « son uniforme de gendarme », ne laissait aucun espoir d'éclaircie. Souvent aussi, il disait, est-ce un dicton ou une citation? « il faut beaucoup de chemin pour n'avancer guère ». Si Cléa était présente, elle prenait son air de diva et rétorquait « tu ne parles pas que pour toi » ou « tu ne rends pas service à ta fille en lui montrant la vie sous cet aspect ». L'homme se redressa. « Tu seras mon souvenir de France », dit-il en croisant les bras. Il la fixa du regard, il passa la langue sur ses lèvres, « ainsi donc je suis bien Neguib et tu es ma Claire ». Il y eut une station, puis deux, puis trois. Claire Bréville sentait encore, sur ses genoux, l'empreinte des mains de l'homme. Elle raffolait de cela, exercice ravivé du corps mais tout lui commandait de renoncer, ce n'était même plus le chemin. Pourtant, elle avait avancé, un peu. Tout s'étirait, s'effilochait, fixité du regard échangé, chacun masquant son tourment. Elle eût souhaité que ce long regard ne lui inspirât que du cynisme. Elle en était bien incapable. Bientôt ce serait le terminus de la ligne. Il faudrait faire à pied le trajet jusqu'à la Résidence George-Sand. Drôle de fête puisque Pierre venait de perdre son emploi, en revanche les enfants seraient là. Margot lui dirait « qu'est-ce que tu es bien coiffée, maman ». Elle embrasserait Lou comme sa propre fille en la remerciant de faire d'elle une grand-mère. Martial, alors, les regarderait, un peu jaloux, en homme qu'il est, curieux d'une alliance qu'il redoutait, en fait ayant veillé, lui, et peut-être lui seul, entraînant Lou, à ce que cela ne se produisît pas. Restaient Marc et le secret de la présence de Claire au concert. Il se tairait. Elle n'aurait pas à raconter en détail ses trois jours d'escapade. Pierre l'embrasserait-il sur le pas de la porte comme le vieux monsieur avait si souvent embrassé Olga?

L'homme alluma une cigarette, comme après l'étreinte quand on n'a plus rien à se dire ou quand on s'interdit de poser les questions usuelles qui viennent à l'esprit à ce moment-là. Claire, du regard, fit remarquer à l'homme que le wagon était *non fumeurs*. Il écrasa sa cigarette par terre. Un mégot. Cette poursuite, pour lui comme pour Claire, n'avait été qu'une étreinte de plus, fougue et fureur, ils n'avaient plus rien à se dire. Chacun gardait pour lui la rumeur.

Claire Brévaille éternua. Le chemisier lui collait à la peau. Le chandail, un peu plus sec, ne lui procurait aucune douceur. Elle l'ôta et le remit bien en place dans le sac, sur le dessus, maniant délicatement la fermeture à glissière pour ne pas accrocher une maille. L'homme lui dit « il va falloir te changer avant de rentrer chez toi ». « Tu me laisseras seule à la gare, promis ? » « Promis. Mais je n'ai plus d'argent pour rentrer à Paris. » Elle lui donna un billet de cinquante francs. Les dépenses s'arrêteraient là. L'homme dit « pardon ». Claire Brévaille baissa les yeux. Elle aimait aussi peu le mot de « pardon » que celui de « destin ». Qu'avait-elle rêvé, avec Pierre, d'une société meilleure, radieuse et plus juste ? Que ne s'étaient-ils pas contentés de la certitude d'être cinq et de leur difficulté d'être deux, égoïstement ? Le rêve était donc une capacité autant qu'une rupture et l'utopie un mirage dont la solitude ne pouvait qu'inspirer plus encore. Quelques kilomètres avant La Capte, en pleine forêt, en bordure de route, il y avait un petit monument, roc brut posé à la verticale, avec la photo d'un jeune homme en médaillon et l'inscription, *ici, Maurice Bouilloire, pompier, est mort pour que la forêt vive*. Le nom du pompier faisait rire les enfants parce que c'étaient des enfants. La forêt avait repris le dessus. Elle était belle, et même peut-être plus belle encore qu'avant l'incendie au cours duquel le jeune homme du médaillon, bien coiffé, souriant, photo d'identité, avait péri. Quel nom prédestiné! Et que la forêt foisonnait à cet endroit-là! Chaque fois que Claire Brévaille était passée en voiture près du monument, elle avait songé au nom que Pierre lui avait donné, ripailles, tenailles, entrailles et à son nom de jeune fille aussi gris, sombre et feutré, un peu moisi, que l'appartement de la rue Louise-Croisé. C'est à cela qu'elle pensait en regardant l'homme. On pourrait refaire cent fois le montage d'une vie et le film serait éternellement différent. Il y a toujours des chutes dans un coin, oubliées on le croit, et qui redonnent un sens nouveau à l'ensemble. Chaque souvenir est révélateur, un recours en grâce si l'on sait et accepte d'appeler au secours. Alors, on se sent moins seul, on surnage, on a de l'instinct, on se conserve, on envisage l'avenir, tout recommence toujours. C'était la fête des mères, quelle importance? Pierre avait perdu son travail, quelle importance?

Claire Brévaille, une nuit, à La Capte, les deux aînés étaient couchés avec une bonne coqueluche, avait fait un étrange rêve. Elle s'approchait du petit monument, elle voyait sa photo en médaillon, la photo préférée de Francis, celle qu'il avait dans son portefeuille le jour du dernier trajet en autobus, cheveux longs et bouclés, autre photo d'identité, et sur le roc brut, planté, était gravé, *ici, Claire Dutheil, épouse Brévaille, est morte pour que la famille vive.* Des enfants riaient autour d'elle en la pointant du doigt, ribambelle de gosses, comme dans une cour de récréation, se moquant de celle qui a le bonnet d'âne. L'homme se pencha. Claire Brévaille l'imita. Ils se donnèrent des petits coups de front, puis front contre front, se regardèrent droit dans les yeux. « Tu me fais peur, dit l'homme, à quoi penses-tu? » « Tu m'as fait peur », répondit-elle en croisant très fort les mains sur son ventre. Elle ne devait surtout pas toucher les mains de l'homme. C'était bon, simplement comme ça. C'était enfantin.

Après la mort de Francis, Cléa avait très bien porté le deuil, veuve élégante et raffinée. Claire et Pierre lui avaient rendu visite chaque dimanche les premiers mois. Très vite les bijoux avaient fait leur réapparition, une broche, un collier, un bracelet. Les objets personnels de Francis disparaissaient les uns après les autres, jusqu'au texte du discours courageux de Claudius-Petit à l'Assemblée nationale qui était resté si longtemps épinglé au-dessus du bureau. Le bureau était devenu le territoire de Cléa, « il y a beaucoup de courrier à faire. Ton père finalement avait de nombreux amis ». Pourquoi « finalement »? Les vêtements de Francis? Elle les avait donnés. Les pantoufles de Francis? « Je les ai jetées. Ce n'est pas votre genre, Pierre. » L'appartement était devenu entièrement sien, approprié. Cléa avait brusquement de la vaillance et de l'éclat. Les projets fusaient, un voyage à Marrakech par-ci, un club de dames par-là. Il fallait le meilleur hôtel à Marrakech, vérifier si les dames du club étaient intéressantes et, surtout, veiller à l'assurance-vie que Francis avait prise en sa faveur. Au restaurant, Cléa s'était mise à commander les plats les plus subtils et coûteux. Elle avait pris un coup de jeune. Pierre avait dit « elle est partie pour cinquante ans. Femme, si je meurs auras-tu de la peine? » Claire, confuse, avait alors expliqué à Pierre que la peine, au mieux, pouvait s'exprimer par de la joie. Ils n'étaient plus revenus le dimanche. Au téléphone, Cléa avait dit à sa fille

« je préfère être seule. Je me débrouille très bien ». Margot l'appelait « la pimpante ». Martial la traitait de « pingre ». Marc avait demandé, à table, où elle pouvait encore se procurer *Soir de Paris*. Tous les cinq avaient ri de bon cœur. Martial songeait déjà à s'évader. Sans doute avait-il demandé de l'argent à sa grand-mère. Front contre front, l'homme murmura « reste avec moi, pars avec moi ». Claire Brévaille se redressa, vit au loin les lumières de l'hôpital Henri-Mondor où Antoinette était morte. Elle répondit « nous arrivons. Il va falloir que tu me quittes ». Antoinette lui avait dit un jour « je n'aurai jamais pu chez les autres faire la différence entre la duplicité et l'embarras. Je me suis trompée avec tout le monde, même avec Ludo ». Antoinette lui avait dit aussi « la mort n'est qu'une question de vigilance » ou encore, après la lecture d'un chapitre, « c'est idiot, mais ça me plaît. Ça chante et je te remercie. Si l'idée procède de la musique, la musique ne procède pas de l'idée, elle s'écrit sauvagement, note après note, mot après mot, pas à pas, c'est la traversée du gué ». Claire Brévaille aurait alors voulu pouvoir noter ce que son amie lui disait, et voilà que tout lui revenait en mémoire, précisément, même si elle ne comprenait toujours pas très bien, parce que le navire de lumières de l'hôpital semblait s'éloigner, à l'horizon, dans la nuit. Claire Brévaille répéta à l'homme « il va falloir que tu me quittes. Je veux descendre seule sur le quai ».

Ainsi donc, Pierre n'avait plus d'emploi, il serait là toute la journée, assigné à la Résidence, le mauvais jeu de mots qu'elle se garderait bien de faire, et ils devraient, tous les deux, innover. Peut-être iraient-ils voir Donadieu dans sa campagne, peut-être rendraient-ils visite à Survin, passage Carpeaux, ne serait-ce que pour voir le visage d'Irina. Peut-être ne bougeraient-ils pas, ou plus, acceptant de garder le bébé de Martial et de Lou. Peut-être iraient-ils au concert et feraient-ils des voyages à la mesure de leurs moyens. Peut-être. Peut-être quitteraient-ils la Résidence George-Sand pour s'installer en province, mais surtout pas en bordure de la Jabeuse. « Je t'aime rêveuse », murmura l'homme. Déjà tous les voyageurs se levaient pour descendre les premiers. Il y avait pourtant, encore, quelques minutes de trajet, le train venait seulement de passer près du château d'eau. Il y avait encore le néon du bar Le Balto, l'enseigne du cinéma Familia, le boulevard Jean-Jaurès avec ses maisons plus cossues, ses pavillons dodus, ses arbres maigrichons, l'immense cèdre du jardin de l'hospice. Il y avait encore du temps. L'homme dit « je suis sûr que tu n'as pas pris ta décision ». Claire Brévaille haussa les épaules gentiment.

« Gentil », voilà un mot qu'elle n'aimait pas non plus. « Tu n'es pas gentille », disait Cléa quand Claire était petite fille. « Derrière chaque gentil, il y a un loup ou un requin », affirmait Francis. Claire Brévaille eut l'impression de rentrer à trois, avec eux, chez elle. Elle ne savait pas, en laissant le petit mot *je reviendrai* sur la table de la cuisine qu'elle allait voyager avec eux, les retrouver pour ces quelques jours. Elle aurait bien voulu demander au vieux monsieur de lui montrer la photo d'Olga qu'il tenait dans son portefeuille à côté de la carte de visite, rien que pour voir. L'amour avec l'homme, ç'avait été également rien que pour voir, désordre de gestes, chacun recherchant sa jouissance propre, une surprise, des élans, des mignardises à fleur de peau, juste de quoi ne pas vivre l'histoire que l'on vit et des spasmes comme des sanctions avec pour suite de se retrouver chacun avec, en tête, l'idée de ce qui est et la rage de ce qu'il ou elle aurait pu devenir. L'homme avait la lèvre inférieure boursouflée. Claire Brévaille lui adressa un sourire dont elle eût souhaité qu'il ne fût pas connivent, ce n'était pas le moment de raviver.

Une fois seulement, en présence de Francis, et parce qu'ils venaient de voir un film sur la guerre, Cléa avait raconté son départ, en famille, de Lyon, « ce sont les plus proches qui nous ont dénoncés. C'était ordinaire et prévisible. Depuis des mois, pour nous protéger, mon père avait vendu nos biens sans que nous le sachions. L'argent avait été placé au siège parisien d'une banque argentine avec ordre de le tenir à disposition là-bas. Les voisins, eux, devenaient de plus en plus affables et prévenants. Ma mère disait que c'était mauvais signe. Un matin, nous avions à peine bu notre bol de chicorée quand mon père nous annonça que nous avions dix minutes et pas une seconde de plus pour nous préparer. Il ouvrit une valise neuve qui en contenait une autre plus petite et ainsi de suite, comme une poupée russe, il y avait un bagage pour chacun. Notre cousin Sam a disparu avec mes deux sœurs à Paris. Se sont-ils perdus ? Ont-ils été arrêtés ? Nous n'avions pas de temps à perdre. Il fallait regagner Bordeaux au plus vite. Pendant la traversée ma grand-mère mourut. Ma mère récupéra le *vous-à-moi*. Un an plus tard, je t'ai rencontré, Francis. J'étais jolie. Tu étais beau. Je me suis convertie pour lui ». Elle avait alors caressé les cheveux de Claire, « je me suis convertie pour toi aussi. Voilà, j'avais deux sœurs, Liza, Sarah et le cousin Samuel. Vous savez tout maintenant. Tu ne le savais pas, Francis ? Entends bien, ma petite Claire, ton père ne le savait pas, un oubli, une discrétion, ce n'est pas un reproche, Francis, mon ami. Ce pays que j'aime est délateur et ignoble. Pour ton baptême, j'ai choisi le prénom de Claire pour la lumière. J'aurais voulu jouer ce rôle auprès de toi. Voilà. N'allons plus jamais voir aucun film de guerre ». « Sortons, veux-tu, allons marcher un peu », avait dit Francis à Cléa. Claire était allée se coucher, sagement, et de derrière la porte de sa chambre, en chemise de nuit, avait guetté le retour de ses parents. Elle les aimait. Le train entra en gare terminus de ligne R.E.R. Un vent battait les quais. Il y avait de la giboulée dans l'air. Le wagon se vida comme un abcès. Claire se leva, prit le sac. Elle pleurait. Non pas pour l'homme mais pour l'histoire retrouvée. L'homme lui dit « Claire, il ne faut pas ». Elle répondit « laisse-moi, adieu, Neguib, adieu ». Elle suivit les voyageurs sans se retourner et s'engouffra dans l'escalier qui conduisait au hall. Il y avait de la lumière, sur la place, en face, au Grand Café de l'Arrivée.

VINGT-DEUX

En traversant le hall, Claire Brévaille s'arrêta, posa le sac, si léger à l'aller, si lourd au retour, ce n'était peut-être qu'une impression, changea de main et vérifia, regard furtif, si l'homme la suivait, personne. Après la vente de La Capte, elle s'était dit « nous n'avions pas besoin d'espace et surtout d'un espace double ». Pierre et elle chercheraient peut-être un nouvel horizon que celui des peupliers de la Résidence George-Sand. La Capte et Francis, les deux parois de sa mémoire, tout rebondissait en elle, encore. Dans ce qui, par accident de l'autobus, était devenu sa dernière lettre, Francis lui avait écrit *l'horizon est en toi* et *je te souhaite du courage, celui d'anticiper,* tout cela elle ne le comprend que maintenant, cailloux du Petit Poucet, pour ne pas se perdre. Il est beau le chemin du retour, même s'il est cruel et confus. Elle traversa la place de la gare, entra dans le Grand Café de l'Arrivée, commanda un chocolat chaud et se dirigea vers les toilettes pour se changer.

Le sac sur le trône, elle se dévêtit. Elle était à

l'étroit. Elle se cogna le coude. Elle roula ses vêtements trempés, glissa le tout sous les paquets-cadeaux précautionneusement, mit la jupe blanche, l'autre chemisier neuf couleur d'automne, entrevit les photos de famille, fit une boule du paquet à faveurs contenant la cravate rouge, souleva le sac, le couvercle du trône, jeta la boule dans la cuvette et actionna la chasse d'eau. Comment aurait-elle pu supporter de voir Pierre avec une telle cravate ? Elle regrettait même jusqu'au port de cette jupe blanche et du chemisier neuf. Les vêtements racontent tant d'histoires. Elle se moucha avec du papier toilette, s'épongea le visage et surtout le menton. Puis elle actionna de nouveau la chasse d'eau, sortit tant bien que mal, se heurtant à la porte, pour se laver les mains dans le lavabo et surtout longuement se les savonner. Elle se donna un coup de peigne. Elle était prête. Elle arriverait pour la fin du repas. Ou peut-être l'auraient-ils attendue, sûrs, eux, de son retour. Elle remonta. Le chocolat était servi. A la table voisine il y avait Jean-Baptiste. En train de lire un roman.

Elle l'avait reconnu dans la fraction de seconde, à son profil, à ses mains, absorbé qu'il était à la lecture du livre comme à l'interprétation d'une musique. C'était tellement imprévisible que cela lui parut naturel, voire logique. N'avait-elle pas attendu elle-même, si souvent, que Pierre sortît d'une réunion de l'U.N.E.F., houleuses assemblées de l'époque, les étudiants se divisaient, en lisant *Les Thibault* ou *La Montagne magique* ? Là, elle était pressée de repartir et curieuse de rester, au moins le temps de boire le chocolat, ne serait-ce que pour sentir auprès d'elle celui qui aimait son fils au point de l'accompagner et de l'attendre. N'avait-il donc pas une mère, lui aussi ? Comme ses mains étaient fines et longues. Claire Brévaille aurait bien voulu voir le titre du livre, Jean-Baptiste le tenait à plat sur la table en formica, un verre de grenadine à portée de la main. Il ne buvait pas. Il prenait son temps. Il lisait attentivement. Claire Brévaille aurait bien voulu pouvoir lui parler, que lui dire, n'était-ce pas ridicule, et elle opta pour un silence qui était de respect et qui eût pu être d'adoration. La distance observée avec Marc, et à laquelle Marc tenait tant, elle veillerait à l'observer encore. Jamais chocolat insipide ne lui avait semblé plus délicieux. C'était la fête. Dans le sac, contre la table, il y avait aussi une chemise pour Jean-Baptiste, une chemise d'été, blanche, manches courtes. Ils feraient bien un voyage ensemble pendant l'été à venir, bras nus, au soleil. Jean-Baptiste tourna une page. Elle en profita pour le regarder, c'était lui, c'était bien lui. Claire Brévaille était comblée. La tasse de chocolat était vide. Plusieurs fois elle fit semblant de boire, paya et se leva. Alors, seulement, distrait, Jean-Baptiste tourna la tête vers elle et leurs regards se croisèrent. Sans même s'en rendre compte elle bredouilla « j'étais au concert et je voulais seulement vous dire que c'était beau ». Jean-Baptiste rougit et répondit « merci, madame ». Peut-être était-ce la première fois qu'on le reconnaissait ainsi dans un lieu public. Le sac en bandoulière d'un côté, le sac bourré de cadeaux de l'autre, elle poussa de l'épaule la porte du Grand Café de l'Arrivée et sortit. Dans le reflet de la vitre elle avait vu Jean-Baptiste reprendre sa lecture.

Le vent lui fouetta le visage. Il faisait nuit. Dix minutes à pied. Pierre faisait quotidiennement le trajet en voiture, la privant du véhicule pendant toute la journée. Il n'en serait plus de même désormais. D'ailleurs, ils pourraient s'acheter une voiture plus petite, il y aurait toujours assez de place pour un couffin. Claire Brévaille emprunta l'avenue Emile-Zola, plus éclairée, court détour, et puis il y avait des vitrines. Elle avait encore un peu peur. Malgré tout. Elle remonterait ensuite par la rue des Acacias et tournerait à gauche rue Claude-Debussy. Après, c'était tout droit. Le trajet était inscrit dans sa tête.

Rien ne lui échappait, elle avait mémoire de chaque détail et tout fusait en elle. Il n'y aurait pas de morale à son histoire de trois jours. Cela demeurerait une affaire entre elle et elle-même, un constat, un rappel à l'ordre et à une résignation dont elle découvrirait bien l'audace. Elle avait admiré le cynisme de Frédéric Donadieu et la feinte assurance de Marie-Ange son épouse. Ludovic Survin, un temps, l'avait captivée avec ses jugements tranchants, ses avis exemplaires. Antoinette, enfin, qui avait été si radieuse et triomphante, devant la mort, lui avait montré le revers de la médaille, ouvert les coulisses de la grande parade où se joue le jeu des apparentes affections, des dérisoires attachements. Prévenue, alertée par tous, même et surtout par son père, si peu dupe, elle avait malgré tout cru à « ce quelque chose de plus » qui eût pu donner à la vie un caractère moins inhumain, et qu'elle ne pouvait toujours pas nommer, leçon neutre de la fugue ou de l'escapade, si peu une fuite finalement puisque chaque pas la ramenait à sa maison. Il y avait de la capitulation en elle, un sentiment de révolte matée face à un monde qui courait à sa perte, ignorant ses subtils savoirs, ses insupportables calculs de famines à venir, organisait ses fructueuses guerres, tirait de plus en plus profit de toutes les horreurs, une vraie fin du siècle, ramenait chaque couple à lui-même et à ses espoirs déçus. Qui clamerait encore? Comment? A quoi cela servirait-il? Quel monde allaient-ils livrer aux enfants de Martial et de Lou, de Margot et de Grégor ? Ne s'étaient-ils pas battus suffisamment ? Avaient-ils été joués par les tenanciers de toutes les politiques ? N'y avait-il pas de la démission dans la résignation ? Elle s'arrêta devant un magasin pour reprendre son souffle. C'était une vitrine de sandales pour l'été, modèles hommes, femmes, enfants, et il y avait des coquillages pour la décoration. Elle n'aurait donc connu la mer qu'avec Rod Llellewyn, la mer d'un bleu profond et les vagues qui se jettent sur les rochers, le temps d'une liaison de principe et de plaisir brut, mais n'avait-elle pas gagné, à cet épisode, le sens du doute, le goût de la question, la faim d'être sans se contenter de paraître ? « Attention, lui disait Francis en lui faisant écouter *Le Chevalier à la rose*, là, l'héroïne chante la jeune fille qu'elle fut et la femme qu'elle sera. » Aussi, confiée aux rêves, Claire Brévaille s'était-elle crue longtemps protégée et refusait-elle, maintenant, après tant d'années de demandes et d'incertitudes, de se conjuguer à l'imparfait, elle avait cru à une perfection, qui ne s'est jamais soumis à cette idée-là de la vie ? Manchester ? C'était fini avant de commencer. Une histoire pour rien, brave Rod, une histoire de photo de fiancée dont elle avait obtenu qu'elle fût déchirée devant elle, caprice de jeune fille qui se fait les dents et, pour Rod, comme un exploit sportif, avec défi. Dans le reflet de la vitrine, Claire Brévaille vit l'homme. D'abord elle crut à un mauvais rêve, l'homme se rapprocha et lui dit « je n'ai pas pu », puis d'un ton plus ferme « tu vois, tu hésites. C'est fini la comédie, tu pars avec moi ».

Pourquoi donc s'était-elle arrêtée en si bon chemin ? A cette heure-là, si elle avait crié, personne de l'avenue Emile-Zola, comme personne de toutes les banlieues, ne lui aurait porté secours. Peut-être y aurait-il eu un frémissement derrière des rideaux tirés, à un premier étage, juste pour voir. En revanche, pour le secours, le vrai ? Elle se tourna vers l'homme, « oui, c'est fini, je rentre chez moi, laisse-moi ». Elle reprit le sac, poursuivit son chemin et tourna rue des Acacias. L'homme marchait derrière elle.

Claire Brévaille se dit qu'elle aurait dû demander à Jean-Baptiste de la raccompagner, il l'eût protégée pendant le trajet, mais elle serait sortie de son rôle, il n'aurait pas accepté et sans doute était-il préférable qu'il ne vît pas le clan réuni, la famille de l'aimé devrait toujours rester une abstraction. Marc eût été blessé. La rue des Acacias était moins éclairée et peu passante, la France s'endort tôt le dimanche soir quand le printemps tarde et quand l'été s'annonce. Claire Brévaille marcha au milieu de la chaussée, d'un pas décidé. L'homme la suivait sur le trottoir de gauche.

Elle se retourna brusquement, hors d'elle, « tu m'as vue ? Regarde-moi, je ne suis rien. Je me suis trompée d'histoire, toi aussi, va donc prendre ton train, tu ne vois pas que j'ai peur ? », tout ce qu'il ne fallait pas dire. L'homme n'attendait que cette colère. Pourquoi n'avait-elle pas non plus appelé chez elle au Grand Café de l'Arrivée, un oubli. Ç'avait été par orgueil, pour revenir comme elle était partie, sans prévenir. L'homme resta sur le trottoir et elle au milieu de la chaussée. Elle s'était arrêtée. Rien plus n'allait. Soudain, elle vivait tout ce qu'elle n'aimait pas dans les films, les rebondissements, les fins tragiques. Elle tenait l'homme, du regard, à distance. Il y avait une lueur dans le ciel de la nuit, halo, paillettes de lumière au-dessus de sa ville de banlieue, une douceur également, et traînait un parfum de lilas mouillé. L'homme sortit de la poche intérieure de sa veste un couteau à cran d'arrêt. La lame jaillit. Elle dit à l'homme « je t'aime, Neguib, va-t'en », reprit le sac, remonta la rue des Acacias, croisa une voiture et tourna rue Claude-Debussy. Surtout ne pas donner l'alerte, se moquer de la convention. Elle n'avait plus vraiment conscience du risque qu'elle courait.

La pensée, alors, ne s'égare pas. Elle livre en une fraction de seconde tel souvenir, elle libère telle impression, elle mobilise, occupe sans pour cela distraire. Voilà qui serait toujours au secret des mots et n'apparaîtrait sur un écran qu'allusivement par le jeu des regards si l'actrice était bonne, ou l'acteur bouleversant. Claire Brévaille avait l'impression de vivre un mauvais film. Elle se souvint d'un sujet de dissertation, *l'art n'est-il pas la capacité de subir, d'absorber et de transformer les influences?* Elle avait eu une bonne note. Parce que Francis l'avait aidée. Parce qu'elle s'était déjà forgé une raison d'être qui l'empêcherait de vivre sans se poser des questions et qui l'exposerait à ce qu'elle n'avait jamais voulu qualifier d'amertume ou de déception. Le couteau à cran d'arrêt n'était pas une invention. Claire Brévaille se disait que si, par malheur, elle se retournait, l'homme se précipiterait sur elle et la poignarderait. Aussi allait-elle bon train. Déjà elle distinguait les peupliers de la Résidence George-Sand. Elle ne pouvait pas mourir, « c'est toi? » « Oui, c'est moi », on ne meurt que dans *Carmen* et de face. Quelque chose dans l'esprit de Claire Brévaille lui disait également en vrac que la liaison avec l'homme n'était pas suffisante, encore qu'elle ne sût rien de son désespoir, qu'elle ne pouvait pas mourir dans une rue portant le nom de Claude-Debussy, et qu'elle parviendrait chez elle parce qu'elle en avait décidé ainsi. Elle marchait comme l'automate de cette vitrine de

Noël, la confiserie Péché Gourmand, près de la rue Louise-Croisé, qui la fascinait chaque année quand elle était petite fille. Les histoires d'adultes sont toujours les mêmes, atroces, répétées, quand leur trame vire au drame. L'automate faisait du surplace alors qu'elle avançait, mais il s'agissait bien de la même rigidité, la petite fille d'antan entraînait la femme hésitante d'aujourd'hui. L'homme cria « Claire ! » Elle ne se retourna pas. Elle entendit quelque chose de sifflant et de déchiré dans l'air. Le couteau à cran d'arrêt tomba sur la chaussée à quelques mètres devant elle. Elle n'avait pas été visée. L'homme rendait son arme, c'est tout. Il cria « garde-le, il te servira ». Elle fit quelques pas, s'arrêta, posa le sac, s'accroupit, saisit le couteau et se retourna, l'homme avait disparu. Une voiture passa. Elle se réfugia sur le trottoir. Là, excédée, livrée à elle-même, elle donna dix, vingt coups de couteau dans le vide. Des cris rauques lui montaient à la gorge. C'était l'homme qu'elle tuait, passion en pure perte qu'elle aurait tant voulu pouvoir admettre.

Elle fit rentrer la lame dans le couteau, remit son sac en bandoulière, reprit le sac, se releva et poursuivit son chemin. Elle n'avait plus que quelques mètres à faire. L'homme filait vers la gare. Jean-Baptiste lisait le roman. La famille attendait. Tout se déroulait normalement. Elle luttait contre ce sentiment de honte mâtiné de regret qui hante celle ou celui qui a créé un drame de toutes pièces. Mais elle n'avait plus peur. Elle se sentait même fière. Elle l'avait fait.

VINGT-TROIS

CLAIRE BRÉVAILLE ne s'aimait pas et ne souhaitait pas qu'on l'aimât. « Une belle garce », avait dit Donadieu, qui l'avait répété à Survin, lequel avait tancé Pierre, lequel en avait fait l'aveu à sa petite amie. « C'est curieux, disait Antoinette dans son lit d'hôpital, je me sens comme dans un berceau, il n'y a plus la mère que j'attends. » Les derniers jours elle avait murmuré à plusieurs reprises « je suis au milieu de la rivière, ça tangue un peu, si je bouge, ça chavire, je sais que je ne vais pas m'échouer sur la bonne rive ». Elle n'écoutait plus ce que Claire lui lisait. Claire continuait la lecture en se disant qu'une phrase, un mot, une image pourrait encore lui parvenir et la distraire. La bonté de Claire Brévaille n'avait-elle donc été qu'une fierté supplémentaire ?

Elle franchit le portail de la Résidence George-Sand. Un vent de nuit faisait frissonner les peupliers. Elle tenait le couteau dans la main gauche, côté sac en bandoulière. Comment se débarrasser de cette arme, si peu le couteau de théâtre que

Francis avait si souvent brandi pour les éternelles répétitions des *Enfants d'Edouard*? Elle se dirigea droit vers le bâtiment C, le plus en retrait, un peu sur le haut. Il y avait de la lumière chez elle. Les rideaux de la salle de séjour n'étaient pas tirés, elle n'entrevit personne. Elle ralentit, guetta, rien, et elle n'osait pas regarder l'heure à sa montre. Dans sa tête, elle se fit du *à la manière de Francis,* « il est toujours trop tôt quand on revient », « qui peut le moins peut le moins » ou « montrer mais ne surtout pas démontrer ». Elle ne serait donc jamais une héroïne, un modèle, et tout la ramenait à une piètre image d'elle-même. Ça ne sert donc à rien de passer trois jours avec la mémoire de soi. « Je vous aime, dit-elle en regardant la lumière au quatrième étage, et c'est plus fort que moi. » Elle ajouta « la mauvaise moi ». Or il n'y avait ni bien ni mal, le mal partout; ni bons ni méchants, du désespoir comme un inespoir partout; ni bonne ni mauvaise conscience, sa conscience tout court. Claire Brévaille eût préféré pouvoir dire et admettre « la vraie moi », tirer un trait sur le fécond malentendu de sa vie. Dans le placard des poubelles du bâtiment C, elle jeta le couteau à cran d'arrêt et trifouilla un peu dans les ordures pour le dissimuler. Puis elle s'essuya les mains au mur, le mur de sa maison. Quatre étages avec des paliers à mi-étage. Il y avait vacarme et film d'aventures chez les voisins du troisième. Au quatrième, à peine avait-elle mis la clef dans la serrure que la porte s'ouvrit. Marc cria « oui, c'est elle! » Claire Brévaille le prit dans ses bras. Il dit « qu'est-ce qui t'est arrivé, Man? ». Les autres regardaient.

DU MÊME AUTEUR

Romans :

LADY BLACK, 1971, Flammarion.
ÉVOLÈNE, 1972, Flammarion.
LES LOUKOUMS, 1973, Flammarion.
LE CŒUR QUI COGNE, 1974, Flammarion.
KILLER, 1975, Flammarion.
NIAGARAK, 1976, Le Livre de Poche.
LE PETIT GALOPIN DE NOS CORPS, 1977, Laffont.
KURWENAL OU LA PART DES ÊTRES, 1977, Laffont.
JE VIS OÙ JE M'ATTACHE, 1978 (épuisé).
PORTRAIT DE JULIEN DEVANT LA FENÊTRE, 1979, Laffont.
LE TEMPS VOULU, 1979, Flammarion.
LE JARDIN D'ACCLIMATATION, 1980, Flammarion, *prix Goncourt 1980.*
BIOGRAPHIE, 1981, Flammarion.
ROMANCES SANS PAROLES, 1982, Flammarion.
PREMIÈRES PAGES, 1983, Flammarion.
L'ESPÉRANCE DE BEAUX VOYAGES ÉTÉ/AUTOMNE, 1984, Flammarion.
L'ESPÉRANCE DE BEAUX VOYAGES HIVER/PRINTEMPS, 1984, Flammarion.
LOUISE, 1986, Flammarion.
UNE VIE DE CHAT, 1986, Albin Michel, *Prix 30 millions d'Amis.*

Théâtre :

THÉÂTRE 1, 1973, Flammarion : Il pleut, si on tuait papa-maman; Dialogue de sourdes; Freaks Society; Champagne; Les Valises.
THÉÂTRE 2, 1976, Flammarion : Histoire d'amour; La Guerre des piscines; Lucienne de Carpentras; Les Dernières Clientes.
THÉÂTRE 3, 1979, Flammarion : September Song; Le Butoir; Vue imprenable sur Paris; Happy End.

Pour enfants :

PLUM PARADE OU 24 HEURES DE LA VIE D'UN MINI-CIRQUE, 1973, Flammarion.
MON ONCLE EST UN CHAT, 1981, Éditions de l'amitié.

IMPRIMÉ EN FRANCE PAR BRODARD ET TAUPIN
Usine de La Flèche (Sarthe).
LIBRAIRIE GÉNÉRALE FRANÇAISE - 6, rue Pierre-Sarrazin - 75006 Paris.
ISBN : 2 - 253 - 04784 - 8

Le Livre de Poche Biblio

(Extrait du catalogue)

Sherwood Anderson
Pauvre Blanc

Guillaume Apollinaire
L'Hérésiarque et Cie

Miguel Angel Asturias
Le Pape vert

Adolfo Bioy Casares
Journal de la guerre au cochon

Karen Blixen
Sept contes gothiques

Mikhaïl Boulgakov
La Garde Blanche
Le Maître et Marguerite

André Breton
Anthologie de l'humour noir

Erskine Caldwell
Les Braves Gens du Tennessee

Italo Calvino
Le Vicomte pourfendu

Elias Canetti
Histoire d'une jeunesse - *La langue sauvée*
Histoire d'une vie - *Le flambeau dans l'oreille*
Les Voix de Marrakech
Le Témoin auriculaire

Blaise Cendrars
Rhum

Jacques Chardonne
Les Destinées sentimentales
L'Amour c'est beaucoup plus que l'amour

Joseph Conrad et Ford Madox Ford
L'Aventure

René Crevel
La Mort difficile

Iouri Dombrovski
La Faculté de l'inutile

Lawrence Durrell
Cefalù

Friedrich Dürrenmatt
La Panne
La Visite de la vieille dame

Jean Giono
Mort d'un personnage
Le Serpent d'étoiles

Jean Guéhenno
Carnets du vieil écrivain

Henry James
Roderick Hudson
La Coupe d'Or
Le Tour d'écrou

Ernst Jünger
Jardins et routes
(Journal I, 1939-1940)
Premier journal parisien
(Journal II, 1941-1943)
Second journal parisien
(Journal III, 1943-1945)
La Cabane dans la vigne
(Journal IV, 1945-1948)
Héliopolis
Abeilles de verre

Ismaïl Kadaré
Avril brisé
Qui a ramené Doruntine ?

Franz Kafka
Journal

Yasunari Kawabata
Les Belles Endormies
Pays de neige
La Danseuse d'Izu
Le Lac
Kyôto
Le Grondement de la montagne
Tristesse et Beauté
Le Maître ou le tournoi de Go

Andrzeij Kusniewicz
L'État d'apesanteur

Pär Lagerkvist
Barabbas

D. H. Lawrence
L'Amazone fugitive
Le Serpent à plumes

Sinclair Lewis
Babbitt

Carson McCullers
Le Cœur est un chasseur solitaire
Reflets dans un œil d'or
La Ballade du café triste
L'Horloge sans aiguilles

Thomas Mann
Le Docteur Faustus

Henry Miller
Un Diable au paradis
Le Colosse de Maroussi
Max et les phagocytes

Vladimir Nabokov
Ada ou l'ardeur

Anaïs Nin
Journal 1 - *1931-1934*
Journal 2 - *1934-1939*

Joyce Carol Oates
Le Pays des merveilles

Edna O'Brien
Un cœur fanatique
Une rose dans le cœur

Liam O'Flaherty
Famine

Mervyn Peake
Titus d'Enfer

Augusto Roa Bastos
Moi, le Suprême

Raymond Roussel
Impressions d'Afrique

Arthur Schnitzler
Vienne au crépuscule
Une jeunesse viennoise

Isaac Bashevis Singer
Shosha
Le Blasphémateur
Le Manoir
Le Domaine

Robert Penn Warren
Les Fous du roi

Virginia Woolf
Orlando
Les Vagues
Mrs. Dalloway
La Promenade au phare
La Chambre de Jacob
Années
Entre les actes
Flush
Instants de vie

30/6539/8